Hermann Volkmann

Die schönsten Radtouren
rund um Augsburg

W0041101

Hermann Volkmann

Die schönsten Radtouren rund um AUGSBURG

© 1998 by Bielefelder Verlagsanstalt GmbH & Co. KG, Bielefeld

Alle Rechte vorbehalten. Nachdruck, auch auszugsweise, sowie fotomechanische Wiedergabe nur mit Genehmigung des Verlages.

Gestaltung: Rainer Schotte, Bielefeld/Gütersloh

Titelfotos/Fotos: Transglobe, Hamburg; Verkehrsverein Augsburg e.V.; Hermann Volkmann, Stadtbergen

Kartographie: Bielefelder Verlagsanstalt

Druck: Klingenberg Buchkunst Leipzig

ISBN: 3-87073-216-4

Inhalt

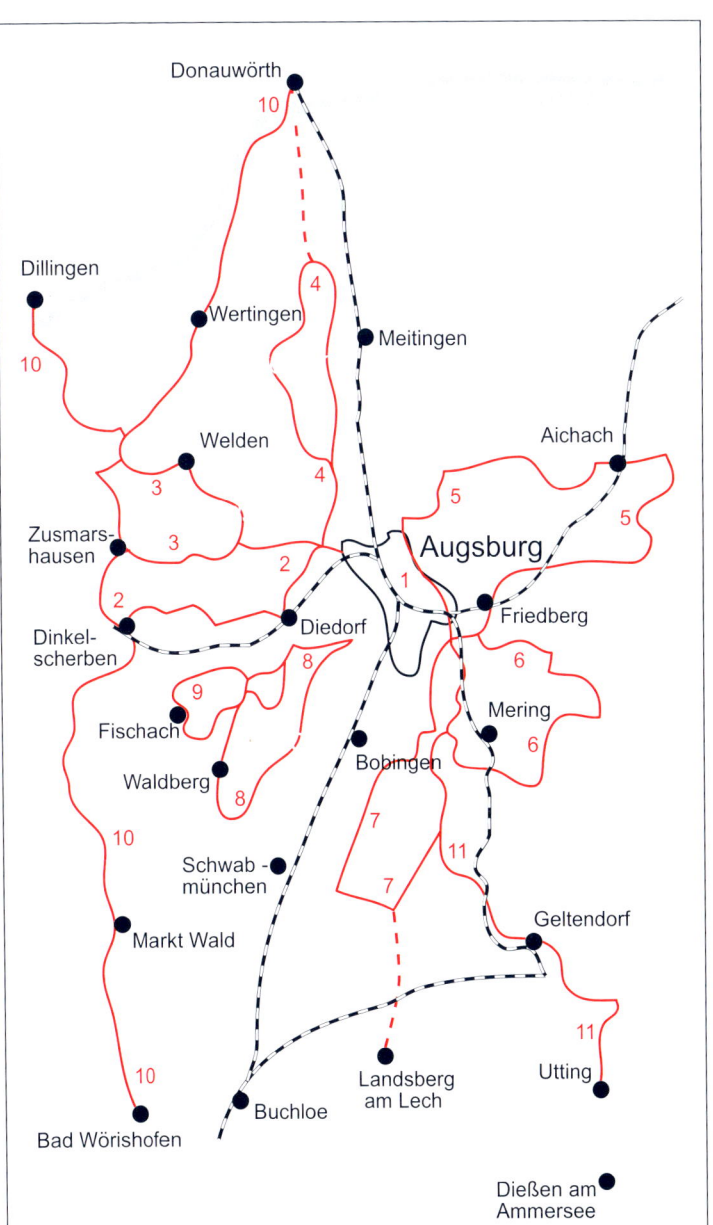

Donauwörth
10
Dillingen
Wertingen
10
Meitingen
Welden
Aichach
3
5
Zusmars-
hausen
5
3
2
Augsburg
2
1
Dinkel-
scherben
Diedorf
Friedberg
8
9
6
Fischach
Mering
Waldberg
6
8
Bobingen
10
7
Schwab-
münchen
7
11
Geltendorf
Markt Wald
11
10
Utting
Landsberg
am Lech
Buchloe
Bad Wörishofen
Dießen am
Ammersee

Radeln in und um Augsburg

Das schwäbisch-bayerische Alpenvorland bietet rings um Augsburg ein typisches, unverwechselbares Landschaftsbild. Zentrale Süd-Nord-Achse ist das ungefähr 10 km breite Tal von Lech und Wertach. Westlich erstreckt sich der Naturpark Augsburg – Westliche Wälder mit seinen drei Teilräumen Holzwinkel, Reischenau und Stauden. Und im Osten ist es das wellige Bauernland des altbairischen Lechrains, das die Tradition als „Wittelsbacher Land" hochhält. Mittendrin, sozusagen als Brücke zwischen Schwaben und Bayern, liegt die lebendige und geschäftige Großstadt Augsburg mit ihrer reichen, mehr als 2000jährigen kulturgeschichtlichen Tradition und ihrer exzellenten touristischen Infrastruktur, auch für die Radler.

Die Region Augsburg lebt nicht allein vom Fremdenverkehr, hat sich Fremdansprüchen noch nicht untergeordnet. Wir haben es deshalb mit einem relativ ursprünglichen Stück Bayern zu tun, wie aus dem Bilderbuch: mit Alpenkulisse – bei Föhn, mit traditionsbewußtem, reichsstädtischem Flair inmitten eines italienisch beeinflußten Renaissance-Stadtbildes in Augsburg, mit viel geschützter Natur und Landschaft (Naturpark), mit Barock, Bierseligkeit, Bauernland und Brauchtumspflege allerorts. Diese Echtheit wirkt überzeugend. Kulturgeschichtliche Spuren und Linien von überregionaler Bedeutung und Aussagekraft verknüpfen die Stadt und ihr Umland, was wir besonders gut vom Fahrradsattel aus erfahren und erleben werden. So zum Beispiel das historische Augsburg, Bischofsstadt, Startpunkt der Kreuzfahrer, Rom- und Jakobspilger, Stadt der Fugger und Welser, Schauplatz der Reformation, Stätte der Renaissance, mit Rathaus und Perlach, Bauten des Elias Holl, Keimzelle des Barock, Geburtsort Leopold Mozarts; Römisches entlang der Via Claudia; Wittelsbach, die Wiege Bayerns; Mozarts Heimat im „Schwäbischen Mozartwinkel"; Ludwig Ganghofers deutsche „Ur-Heimat" im „Schwäbischen Holzwinkel"; „'s Fuggerländle"; das Lechfeld, Schauplatz nationaler Geschichte; Sebastian Kneipp, den schwäbischen Wasserdoktor und Prediger eines gesunden Lebens; den Ammersee, „Augsburgs Lido".

Radler und Wanderer trifft man hier allerorts, verstärkt am Wochenende und ganz besonders gern im Naturpark. Dort zeigt das Grün der Wälder und Wiesen alle Töne, und an Föhntagen wirken die Alpen im Süden wie zum Greifen nah. Entlang der Alpenflüsse Lech und Wertach und entlang der Bäche, die im Alpenvorland entspringen – also allen Tourenstrecken, die in Süd-Nord-Richtung durch die sanft abfallenden Wiesentäler verlaufen, sind nahezu ebene „Radler-Lustpartien". West-Ost-verlaufende, hügelige Streckenabschnitte bieten ein kurzweiliges Auf und Ab, selten sind es mehr als 30 bis 40 m Höhenunterschied.

Als Ausgangsort für die sternförmigen Tages-Rundtouren besitzt Augsburg eine touristische Radler-Infrastruktur, die keine Wünsche offenläßt – Radservice inbegriffen. Radler erreichen Augsburg von auswärts über die beliebteste deutsche Touristikstraße, die eigens für Radler ausgeschilderte und markierte „Romantische Straße", oder vom „Donau-Radwanderweg" her, von dem man in Dillingen abzweigt. Nach Süden eröffnen der „Lech-Höhenweg" und die Ammerseeroute herrliche Möglichkeiten im bayerisch-schwäbischen Voralpenland.

Konzeption und Auswahl der Touren

Radeln als Lustpartie – es macht abseits vielfrequentierter Straßen auf gut ausgebauten, landschaftlich reizvollen Wegen einfach Spaß. Ihre Lust auf neue Entdeckungen und Begegnungen wird gestillt. Gute, markierte Radwanderwege sorgen dafür, daß „es flott rollt". Das steigert die „Radlerlust" weiter, hebt die Stimmung und hilft, daß Sie sich auf wohlverdiente Pausen richtig freuen können.

Der „Augsburger Radwege-Stern": Acht sternförmig in alle Himmelsrichtungen ausstrahlende Tages-Rundtouren erschließen vom Augsburger Stadtrand aus das „Augsburger und Wittelsbacher Land". Diese landesplanerisch angelegten Hauptrouten führen zu den Haupt-Sehenswürdigkeiten der Region und werden von der Region Augsburg Tourismus GmbH mit allem touristischen Service gefördert.

Die familienfreundlichen Tagestouren sind mit rund 45 bis 80 km Streckenlänge und leichter bis mittlerer Schwierigkeit auf sportliche Durchschnittsradler mit Tourenrädern zugeschnitten. Jede Route setzt einen eigenen regionalen und thematischen Schwerpunkt und kann Begegnungen mit den Einheimischen und ihrer Lebensart eröffnen. In zünftigen Gaststätten und einer großen Zahl von Biergärten ist auch Zeit, diese Erlebnisse zu vertiefen. Ebenso auf regionalen Festen und Feiern und beim Einkauf auf dem Bauernhof. Alles zusammen vermittelt der „Augsburger Radwege-Stern" ein umfassendes, anschauliches Bild vom bayerisch-schwäbischen Alpenvorland in und um Augsburg.

Kombination Stadtleben mit Landpartie: Was die Stadt Augsburg und ihr Umland touristisch zu bieten haben, wird noch mehr ausgeschöpft. Die Kombination fügt sich auch zeitlich. Untertags radelt man im ländlichen, naturnahen Umland, nachmittags und abends stürzt man sich ins Stadtleben von Augsburg mit Stadtbummel und Shopping, Gastronomie und Unterhaltung, Kultur und Besichtigungen.

Orientierung – alles klar! Die Routen weisen eine eigene, unverwechselbare Markierung mit einprägsamen Symbolen auf. Ein Großteil der Strecken ist durch den Naturparkverein Augsburg – Westliche Wälder und den Landkreis Aichach-Friedberg zusätzlich beschildert und markiert.

Lust auf mehr – individuelle Routen gefällig? Rund 1.000 km kultur-geographisch und historisch interessante Radlrouten beschreibt dieser Radwanderführer. Zu den 11 Hauptrouten mit gut 600 km eröffnen sich rund 400 km zusätzliche Varianten.

Alle beschriebenen Routen verstehen sich als Tourenvorschläge. Diese lassen sich mit Hilfe der Wegweiser und der empfohlenen Karten (siehe unten) weiter variieren und miteinander kombinieren. Zahlreiche An-regungen finden sich als Varianten zu den einzelnen Routenbeschreibun-gen. Als empfehlenswerte Ergänzung zu diesem Führer bietet sich die „ADFC-Regionalkarte Augsburg und Umgebung 1:75.000" an.

Service – ganz groß! Entlang allen Routen finden sich zahlreiche Über-nachtungs-, Einkehr- und Einkaufsmöglichkeiten, natürlich auch Service für das Fahrrad. Es werden Führungen und Programme durch die Tourist-Informationen, Verkehrsvereine und den ADFC organisiert.

Praktische Tips, Verkehrsverbindungen

Vier Start- und Zielpunkte: Die Routen beginnen und enden am Augsburger Hauptbahnhof oder an vier bequem erreichbaren Stationen am Augsburger Stadtrand, alle mit ÖNV-Anschluß, Parkplatz, Freizeit-einrichtungen, Gaststätten mit Biergarten. Es empfehlen sich folgende Anfahrtsrouten:

a) Zufahrt von Augsburg Hbf. zum Startpunkt für den **Westen und Norden: Neusäß, Volksfestplatz an der Georg-Odemer-Straße:** Augsburg Hbf. – li. Viktoriastraße – re. Frölichstraße – li. Sieglindenstraße – Schlettererstraße – re. Rosenaustraße – Bgm.-Ackermann-Straße – li. Gog-gelesbrücke über die Wertach – Zweibrückenstraße – Germersheimer Straße – Flandernstraße – li. abbiegen und über die Brücke über die B 17 nach Stadtbergen – Pferseer Straße – Am Anger – Mittlere Feldstraße – Am Leiterle – weiter über markierte Feldwege, unter der B 300 hindurch nach Steppach – Stadtberger Straße – Steppacher Straße – westlich am Zentral-klinikum vorbei nach Neusäß – Oskar-von-Miller-Straße und vor dem zu querenden Bahngleis li. ab, dem Rad-Wegweiser folgend auf den Land-rat-Dr.-Frey-Radweg zum Volksfestplatz an der Georg-Odemer-Straße.

b) Zufahrt von Augsburg Hbf. zum Startpunkt für den **Norden und Osten: Autobahnsee bei der Autobahnausfahrt Augsburg-Ost:** Augsburg Hbf. – re. Viktoriastraße – Halderstraße – Schießgrabenstraße – Hallstraße – Hl.-Grab-Gasse – Predigerberg – Am Schwall – Forsterstraße – Jakoberwallstraße – Lechhauser Straße zur Lechbrücke – auf dem ostseiti-gen Lechuferweg rund 3 km nach Norden in den Stadtteil Firnhaberau – bei den letzten Häusern re. ab auf den Kaspar-Reiter-Weg und li. zur Brücke über die Autobahn A 8, re. abbiegen und östlich zum Autobahnsee.

c) Zufahrt von Augsburg Hbf. zum Startpunkt für den **Osten und Süden: Hochablaß und Kuhsee:** Augsburg Hbf. – re. Viktoriastraße – Halderstraße – re. Hermanstraße – li. Beethovenstraße – li. Stettenstraße – Eserwallstraße – Rote-Torwall-Straße – Baumgartnerstraße – Prof.-Steinbacher-Straße – Carron-du-Val-Straße – re. Siebentischstraße – li. Goethestraße – Ablaßweg (geradeaus durch den Wald) – re. Spickelstraße – Hochablaß – Kuhsee.

d) Zufahrt von Augsburg Hbf. zum Startpunkt für den **Süden und Westen: Wellenburg:** Augsburg Hbf. – re. Viktoriastraße – Halderstraße – Hermanstraße – Rosenaustraße – Schießstättenstraße – zur Brücke am Kraftwerk über den Wertachkanal – zwischen Wertachkanal und Wertach südlich bis zur Gögginger Wertachbrücke, dort rechts, nach Westen, und entlang der Wellenburger Allee nach Wellenburg.

Augsburger Verkehrsverbund (AVV): Bei fast allen Radrouten eröffnen die Regionalzüge des AVV günstige Abkürzungen und zusätzliche Varianten für die Hin- und Rückfahrt. Radtransport in der AVV-Regionalbahn ist möglich, aber für Gruppen ist auf alle Fälle wegen beschränkter Radtransportkapazität eine Reservierung beim AVV-Kundencenter (Adresse s. u.) nötig. In den Bussen und Straßenbahnen der Augsburger VGA ist ein Radtransport nicht möglich.

Karten und Führer

Der vorliegende Radwanderführer ist auf die ADFC-Regionalkarte 1:75.000 Augsburg und Umgebung der Bielefelder Verlagsanstalt abgestimmt. Die beschriebenen Touren sind in dieser Karte in einer breiten Rotfärbung hervorgehoben und bereits mit den entsprechenden Nummern bezeichnet. Das Buch kann aber auch ohne diese Karte verwendet werden. Beigefügte Detailkarten und exakte Routenbeschreibungen lassen keinerlei Orientierungsprobleme auf den Hauptrouten und ihren Varianten aufkommen.

Zum Gebrauch des Buches: Zu jeder Tour gibt es eine exakte Wegebeschreibung in Text und detaillierten Kartenausschnitten, dazu ausführliche Informationen zu allem Sehens- und Erlebenswertem. Diese Wegebeschreibung ist jeweils mit einem blauen Raster unterlegt und zusätzlich mit einem Radler-Logo gekennzeichnet, um Ihnen schnellstmöglichen Zugriff auf die Routenführung zu ermöglichen.

Zu Beginn der einzelnen Touren finden Sie einen Infokasten mit den wichtigsten Informationen z.B. zur Strecke, zu An- und Abreise, Kartenmaterial und vielen anderen Dingen, die zur Vorbereitung der Radreise nützlich sind.

Die übersichtliche Wegweisungstabelle bietet dann die komplette Tour auf einen Blick: die Streckenführung in Kurzform, die fortlaufende Kilometrierung, die besonderen Sehenswürdigkeiten, die markanten Streckenpunkte.

Sehenswürdigkeiten und markante Streckenpunkte sind hierin verschiedenfarbig numeriert und hervorgehoben. Diese Numerierung und Hervorhebung finden Sie im ausführlichen Text sowie in den Karten wieder. Die Kilometrierung läuft auf einer Randleiste ebenfalls mit den Tourenbeschreibungen mit.

Sie können also im Vorfeld Ihre Tour mit allen Sightseeing-Stops perfekt planen und unterwegs mit Hilfe dieser Angaben zuverlässig kontrollieren, ob Sie „auf dem rechten Weg" sind.

Unser Tip: Kopieren Sie die Wegweisungstabelle und halten Sie diese stets griffbereit, so daß Sie sich „on tour" schnell und sicher orientieren können.

Ergänzende Karten: Wander- und Radwanderkarte des Naturparks Augsburg – Westliche Wälder (1:50.000); Topographische Karten des Bayerischen Landesvermessungsamtes (1:50.000) L 7732 Altomünster, L 7532 Schrobenhausen, L 7928 Mindelheim, L 7930 Landsberg, L 7932 Fürstenfeldbruck.

Ergänzende Radwanderführer: Spiralgeb. Radwanderführer Radroute Romantische Straße, 1:75.000, Bielefelder Verlagsanstalt, Arbeitsgemeinschaft Romantische Straße (Hrsg.): Radwandern entlang der Romantischen Straße; Wittelsbacher Land (Hrsg.): Erlebnisführer für Rad- und Wandertouren.

Informationsstellen

Für die gesamte Region: Tourismusverband Allgäu/Bayerisch Schwaben e.V., Fuggerstraße 9, 86150 Augsburg, Tel. 08 21 / 3 33 35; Touristik-Arbeitsgemeinschaft Romantische Straße, Marktplatz, 91550 Dinkelsbühl, Tel. 0 98 51 / 9 02 71, Fax 9 02 79.

Für einzelne Gebiete: Augsburg: Tourist-Information Augsburg, Bahnhofstraße 7 und Rathausplatz, 86150 Augsburg, Tel. 08 21 / 5 02 07 - 0, Fax 5 02 07 - 45; **Naturpark:** Tourismusverband Naturpark Augsburg – Westliche Wälder, Prinzregentenplatz 4, 86150 Augsburg, Tel. 08 21 / 31 02 - 01; **Landkreis Augsburg:** Landratsamt Augsburg, Prinzregentenplatz 4, 86150 Augsburg, Tel. 08 21 / 31 02 - 2 78, Fax 31 02 - 2 09; **Landkreis Aichach-Friedberg und „Wittelsbacher Land":** Landratsamt Aichach-Friedberg, Münchener Straße 9, 86551 Aichach, Tel. 0 82 51 / 92 - 0, Fax 92 - 3 71; **Region Landsberg und Ammersee:** Fremdenverkehrsverband Ammersee-Lech, v.-Kühlmann-Straße 15, 86899 Landsberg am Lech, Tel. 0 81 91 / 4 71 77.

Verkehrsverein Stauden, Rathaus, 86850 Fischach, Tel. 0 82 36 / 10 01; Verkehrsverein Reischenau, Rathaus, 86424 Dinkelscherben, Tel. 0 82 92 / 2 02 34; Verkehrsverein Zusmarshausen, 86441 Zusmarshausen, Tel. 0 82 91 / 91 66; Verein für Naherholung Dillingen e.V., 89407 Dillingen/ Donau, Tel. 0 90 71 / 51 - 0; Städtisches Verkehrsamt, Rathaus, Postfach 14 53, 86604 Donauwörth, Tel. 09 06 / 78 91 45, Fax 78 92 22; Arbeitsgemeinschaft „Urlaub im Staudenland" c/o Franziska Mayer, Schloßbergstraße 26, 86830 Schwabmünchen, Tel. 0 82 32 / 24 23; Fremdenverkehrsbüro der Stadt Friedberg, Marienplatz 14, 86316 Friedberg, Tel. 08 21 / 60 02 - 2 13, Fax 60 02 - 2 05; Stadtverwaltung Aichach, Stadtplatz 48, 86551 Aichach, Tel. 0 82 51 / 9 02 - 24, Fax 9 02 - 71; Touristik-Information Landsberg am Lech, Rathaus, 86899 Landsberg a. L., Tel. 0 81 91 / 1 28 - 2 46, - 2 68, - 2 45, Fax 1 28 - 1 60; Tourist-Info Kneipp-Land Unterallgäu, Tel. 0 82 61 / 99 52 70; Städtisches Verkehrsamt Dillingen, Königstraße 37, Rathaus, 89407 Dillingen, Tel. 0 90 71 / 54 - 1 08, - 1 09, Fax 54 - 1 99.

Deutsche Bahn AG: Geschäftsbereich Nahverkehr, Regionalbereich Südbayern, Richelstraße 3, 80632 München, Tel. 0 89 / 1 28 - 1, Auskunft Reisezüge, Regionalbuslinien, Augsburg, Hauptbahnhof, Tel. 08 21 / 1 94 19.

Öffentlicher Nahverkehr: in der Region Augsburg (Fahrplanauskünfte, Tarife, Beförderungsbedingungen, etc.): Augsburger Verkehrsverbund (AVV) Kundencenter im Hauptbahnhof Augsburg, 86150 Augsburg, Tel. 08 21 / 15 70 00; in der Stadt Augsburg: Verkehrsgemeinschaft Augsburg (VGA), VGA-Kundenzentrum, Augsburg, Tel. 08 21 / 3 24 - 25 96.

Sämtliche Angelegenheiten für Radfahrer: Allgemeiner Deutscher Fahrradclub (ADFC), Heilig-Kreuz-Straße 30, 86150 Augsburg, Tel. 08 21 / 3 71 21.

Sonstige wichtige Rufnummern: Notruf 110, Feuerwehr 112, Rettungsleitstelle 08 21 / 1 92 22, Zentralklinikum 08 21 / 4 00 - 1.

Mitten in Augsburg: Rundfahrt durch die Altstadt mit 3 Abstechern

Augsburg liegt mitten in dem von den Eiszeiten geformten bayerisch-schwäbischen Alpenvorland, knapp 100 km nördlich der Alpen. Mit rund 260.000 Einwohnern ist sie die größte Stadt im Regierungsbezirk Bayerisch-Schwaben und dessen Bezirkshauptstadt. Das historische Stadtbild haben mehr als 2.000 Jahre Kulturgeschichte ebenso geprägt wie die Bauten der Fugger und der Renaissance, besonders die von Elias Holl. Und man spürt die traditionellen Einflüsse des nahen Italiens, des Südens allgemein: zum Beispiel auch am Lebensgefühl und an der Lebensfreude der Augsburger. Die vorgestellte Route durch die Augsburger Altstadt ist die älteste regelmäßig durchgeführte Stadtrundfahrt per Fahrrad in Deutschland (seit 1983).

Start und Ziel:	*Augsburg Rathausplatz (Rathaus und Perlachturm)*
Streckenlänge:	*6,3 km*
Charakter:	*Auch wenn die Tour viele Nebenstraßen und Radwege nutzt, erfordern einige Abschnitte hohe Konzentration im allgemeinen Stadtverkehr und eine sichere Beherrschung des Rades auf dem Kopfsteinpflaster alter, traditionsreicher Straßen.*
Wegweisung:	*Keine*
Verkehrsverbindungen:	*Entfällt*
Weg vom Hauptbahnhof:	*Gegenüber Hbf. Bahnhofstraße – Königsplatz – (Fußgängerzone, Rad schieben) Bgm.-Fischer-Straße – Moritzplatz li. – Fuggerdenkmal – Philippine-Welser-Straße – Rathausplatz.*
Radservice:	*Siehe Gelbe Seiten im örtlichen Telefonbuch.*

Die Tour auf einen Blick

Nr.	km	Beschreibung
1	0	**Rathaus** und
2		**Perlach:** Wahrzeichen Augsburgs.
		Auf der *Karolinenstraße* und dem *Hohen Weg* nördlich weiter zu
3	0,5	**Dom** und **fürstbischöflicher Residenz.**
		Auf der *Frauentorstraße* zum
4	0,9	**Mozarthaus.**
		Ein paar Meter zurück und östlich, links durch kleine Gassen zum
5	1,3	**Lueginsland.** 20 m Abfahrt, ein scharfer Knick und rechts, östlich unter dem Lueginsland-Gebäude hindurch zum
6	1,5	**Stadtgraben.**
7	1,6	Der „**Schtoinerne Ma**" (Denkmal) ca. 100 m südlich der folgenden Straßenkreuzung in einem Turm der Stadtmauer. Wieder zurück zur Kreuzung und östlich, rechts weiter über die *Brücken-* und *Kanalstraße* in die *Bert-Brecht-Straße* am alten Stadtgraben zum
8	2,2	**Bert-Brecht-Wohnhaus** an der Kahnfahrt.
		Auf dem Radweg um die ganze Bastion herum, beim Wasserturm des Elias Holl über die Brücke, am wassergefüllten Stadtgraben entlang, vorbei am „Fünffingerlesturm", über *Gänsbühl*, *Paracelsusstraße* und *Lauterlech* auf St. Jakob zu und zum Eingang der Fuggerei am *Jakobsplatz* (Rad schieben)
9	3,6	**Fuggerei,** älteste Sozialsiedlung der Welt. Durch Gassen des Lechviertels südlich zu
10	4,9	**Am Roten Tor** mit
11		**Marionettentheater „Augsburger Puppenkiste",**
12		**Schwäbischem Handwerkermuseum.** Westlich geradeaus in der *Kirchgasse* weiter durch das „Ulrichsviertel" zum
13	5,1	**Saurengreinswinkel** und die *Peter-Kötzer-Gasse* zur
14	5,5	katholischen **Basilika St. Ulrich und Afra.**
		Auf der *Maximilianstraße,* der „Kaisermeile", zum *Moritzplatz* und Richtung *Rathausplatz*
15	5,9	**Maximilianstraße:**
16		**Haus Nr. 48:** typisches **Bürgerhaus** mit schönem Innenhof, wenige Meter links in der *Kapuzinergasse 10:*
17		„**Kathanhaus";** wieder auf der *Maximilianstraße*
18		**Herkulesbrunnen** von 1602,
19		**Schaezlerpalais,** wenige Meter rechts
20		**Römisches Museum** in der ehemaligen Dominikanerkirche in der *Wintergasse.* Weiter an und auf der *Maximilianstraße*
21		**Fuggerhäuser,**
22		**Merkurbrunnen;** hier Fahrrad abstellen und zu Fuß weiter. Radeln ist in der Fußgängerzone nicht erlaubt, alles Sehenswerte liegt nahe beieinander:
23		**Zeughaus** am *Zeugplatz,*
24		**Maximilianmuseum** zur Stadtgeschichte in der *Philippine-Welser-Straße,*
25		**Jüdisches Kulturmuseum,** *Halderstraße 6* (beim Königsplatz),
26		**St. Anna** mit Lutherstiege in der *Annastraße,*
27		**Stadtmarkt** in der *Annastraße,*
28		**Naturmuseum** in den *Ludwigspassagen,*
29	6,3	**Rathausplatz.**

In der ältesten Sozialsiedlung der Welt: Fuggerei in Augsburg (Tour 1)

Augsburg: Ehemalige fürstbischöfliche Residenz, heute Sitz der Regierung Schwaben (Tour 1)

Augsburg: Maximilianmuseum (Tour 1)

Rathaus ❶ und **Perlachturm ❷**, **Wahrzeichen** Augsburgs: Italienische Renaissancearchitektur verdeutlicht die 2.000jährige Süd-Orientierung Augsburgs in Gestalt des Rathauses, eines „Reichstagsgebäudes" mit den Reichsinsignien in der Giebelfront und der „Zirbelnuß", dem Stadtsymbol obendrauf. Der im Krieg zerstörte, grandiose Goldene Saal wurde 1985 wieder rekonstruiert (Eintritt).

258 Stufen führen auf den Perlachturm hinauf, zu einer der schönsten Aussichten des gesamten Alpenvorlandes (Eintritt). Weht oben die gelbe Fahne, kann man das gesamte Alpenpanorama bestaunen. Und der nette Turmwächter erzählt Ihnen ein paar „Augschburger Gschichtla".

 Auf der *Karolinenstraße* und dem *Hohen Weg* nördlich weiter zum Dom.

Der **Dom** und die **fürstbischöfliche Residenz ❸** mit Architektur   0,5 km
und Kunst aus 1.200 Jahren stellen das noch erkennbare Zentrum einer bis heute teils ummauerten, reichsfreien Bischofsstadt dar. Richten Sie Ihr Augenmerk beispielsweise auf die 5 Prophetenfenster in der südlichen Hochwand, die ältesten figürlichen Glasmalereien in Deutschland, auf spätgotische Tafelbilder des „Weingartner Marienaltars" des Augsburgers Hans Holbein d. Ä. in den vorderen Seitenaltären, die romanische Bronzetür von 1065 mit symbolischer Darstellung von Offenbarungsmotiven, die romanische Krypta mit dem Grab des hl. Simpert, die barocke Marienkapelle (1721) nach Plänen von Gabriel de Gabrieli oder das Freilichtmuseum „Römermauer", auf Ausgrabungen der Johanniskirche aus der Zeit von Bischof Ulrich (um 960) auf dem „Fronhof" und nicht zuletzt auf das fürstbischöfliche Palais, wo 1530 auf dem Reichstag die „Confessio Augustana", das protestantische Glaubensbekenntnis, verkündet wurde und heute die Regierung von Schwaben sitzt.

 Ein paar Meter weiter nördlich in der *Frauentorstraße 30* steht das

Mozarthaus ❹. Leopold, der Vater und Lehrer von Wolfgang Ama-   0,9 km
deus Mozart, ist hier geboren. Ein kleines, feines Museum veranschaulicht die Herkunft der Mozarts aus dem Augsburger Umland (vgl. Tour 9) und dokumentiert die Rolle Leopolds bei der Förderung seines genialen Sohnes (Mi.–So. 10–16 Uhr, Tel. 08 21 / 3 24 - 21 96).

Ein paar Meter zurück und östlich, links durch *Neues Kautzen-gäßchen, Fuchswinkel* und *Lueginslandgäßchen* zum

1,3 km **Lueginsland** ❺: Die um 1700 erbaute Bastion mit Aussicht auf das Lechtal und die Werkhallen der MAN, in der Rudolf Diesel 1897 den nach ihm benannten Motor erfand, ist heute ein wunderschöner, kastanienbeschatteter Biergarten. Prost und Belvedere!

 20 m Abfahrt, ein scharfer Knick und östlich unter dem Lueg-insland-Gebäude hindurch auf der *Herwartstraße* parallel zum **Stadtgraben.**

*Variante 1: Das **MAN-Museum** (hin und zurück 2 km) zeigt Rudolf Diesels ersten Motor ebenso wie große Schiffsdiesel und andere technische Innovationen der Maschinenfabrik Augsburg-Nürnberg (MAN). Dazu vom **Lueginsland** nördlich auf dem Radweg der Sebastianstraße und bei der nächsten Ampel links in die **Heinrich-von-Buz-Straße Nr. 28**; geöffnet Mo.–Fr. 8–16 Uhr, Tel. 08 21 / 3 22 - 37 91.*

1,5 km **Stadtgraben** ❻, Grünidyllen am wassergefüllten Graben entlang der teilweise erhaltenen östlichen Stadtmauer.

1,6 km Der **„Schtoinerne Ma"** ❼ als Glücksbringer: Knapp südlich der Kreuzung *Stephingerberg/Herwartstraße* wartet in einem Turm der Stadtmauer in romantischer Umgebung der Schtoinerne Ma, ein sagenhafter Bäcker aus dem Dreißigjährigen Krieg. Ihm die Nase zu streicheln, soll Glück bringen und Liebeswünsche erfüllen...

 Über die *Brücken-* und *Kanalstraße* zur *Bert-Brecht-Straße* am alten Stadtgraben.

2,2 km **Bert-Brecht-Haus** ❽ an der Kahnfahrt: In den oberen Stockwerken des Eckhauses (Gedenktafel) ist Bert Brecht (1898–1956) aufgewachsen. Der Graben und die Kahnfahrt waren sein „Revier", wo damals die vornehme, bürgerliche Gesellschaft Augsburgs sich verlustierte und dem jungen, wilden Brecht Impulse für seine Stücke und Gedichte gab. – Dokumente dazu finden sich in der **Bert-Brecht-Gedenkstätte** (Tel. 3 24 - 27 79), seinem Geburtshaus, *Auf dem Rain 7* (wenige Schritte östlich vom Rathaus), in dem von ihm so geliebten Lechviertel bei der Barfüßerkirche.

Tip: eine Radelpause in der Gaststätte „Kahnfahrt", verbunden mit einer kleinen, romantischen Kahnpartie auf dem Stadtgraben; am besten zu zweit allein.

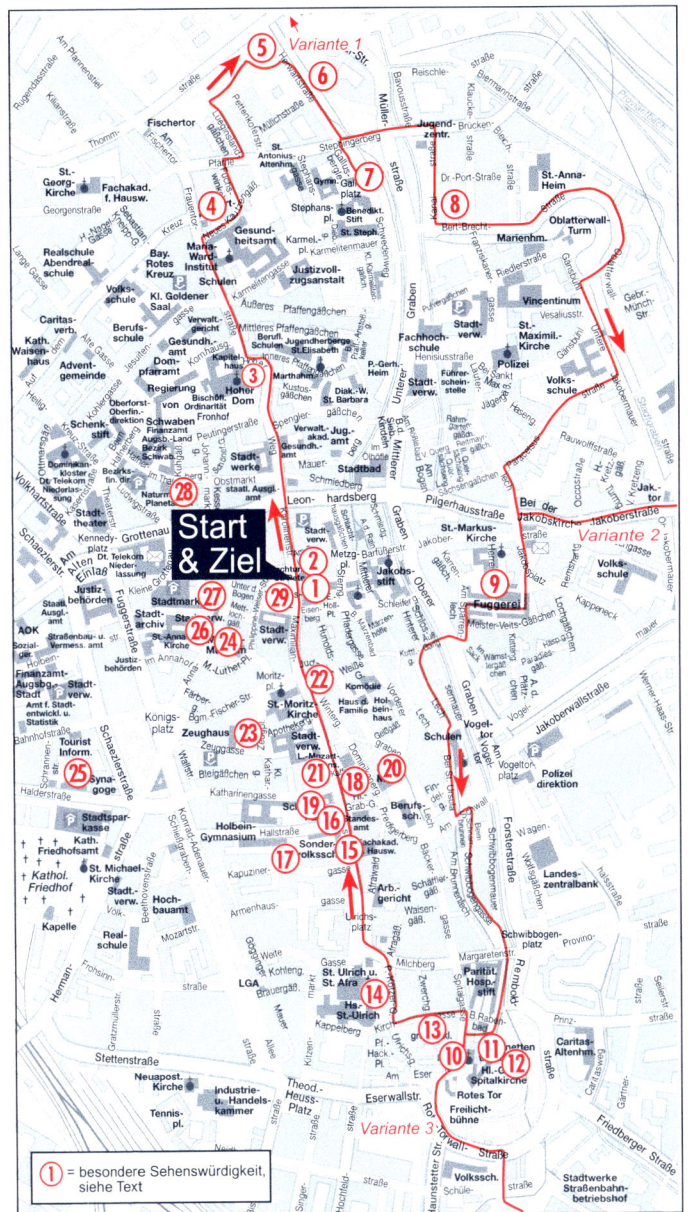

① = besondere Sehenswürdigkeit,
siehe Text

Weiter auf dem Radweg um die ganze Bastion herum, beim Wasserturm des Elias Holl über die Brücke und auf Nebenstraßen am Stadtgraben entlang, vorbei am pittoresken „Fünffingerlesturm" (= Fünfgratturm), über *Gänsbühl, Untere Jakobermauer, Paracelsusstraße* und *Lauterlech* auf St. Jakob zu (traditionelles Volksfest „Jakober Kirchweih" Ende Juli) und zum Eingang der Fuggerei am Jakobsplatz. In der Fuggerei muß das Rad geschoben werden.

*Variante 2: Im **SWA**-Viertel – wo die Augsburger Industrie begann (4 km) – hatte die Textilindustrie Tradition. 89% aller Beschäftigten arbeiteten 1875 im Textilgewerbe. 1997 schloß die letzte Fabrik ihre Produktion. Auch die **Spinnerei und Weberei Augsburg** (SWA), die älteste und ehemals größte Textilfabrik Bayerns (1837), existiert nicht mehr, ist aber als denkmalgeschütztes Ensemble komplett erhalten: so Werk IV, der „Glaspalast", ehemals größter Websaal Europas, Fabrikwohnungen, Sozial- und Freizeiteinrichtungen. Ihr Fortbestand als „lebendes" Industriemuseum ist derzeit in Planung. – Dazu auf dem Radweg der **Jakoberstraße** östlich zum Jakobertor. Auf der **Johannes-Haag-Straße** ca. 500 m, dann rechts ab in die **Otto-Lindenmeyer-Straße** und zurück auf der **Proviantbachstraße**.*

3,6 km Die **Fuggerei** ❾, älteste Sozialsiedlung der Welt: 1516 stifteten der reichste Mann der damaligen Welt, Jakob Fugger, und seine beiden Brüder diese Sozialsiedlung für rund 350 Menschen; eine kleine Stadt in der Stadt. 1,72 DM beträgt die Miete für eine Wohnung – pro Jahr(!). Die Stadttore werden abends um 22 Uhr noch geschlossen. Weitere Informationen im kleinen Museum (März–Okt. 9–18 Uhr, Tel. 08 21 / 3 08 68) in der Mittleren Gasse – und natürlich von den Bewohnern selbst. Die freuen sich oft auf einen kleinen „Ratsch" mit einem netten Radler von irgendwoher.

Durch das (westliche) Ochsentor zur Fuggerei hinaus, links in *Am Sparrenlech* und gleich rechts weiter zu einer Ampel am *Oberen Graben*. Drüben auf der anderen Seite beginnt das Lechviertel mit verkehrsberuhigten Gassen entlang der vielen, teils offenen Lechkanäle. *Äußerer Gang–Hinterer Lech–Bei St. Ursula–Schwibbogengasse* führen in südlicher Richtung zum Roten Tor.

*Variante 3: In die **Siebentisch**-Anlagen (5 km) ging man früher schon gerne, radelt man heute dank vieler ausgeschilderter Radwege leicht zu Zielen wie: Botanischer Garten, Zoo, Minigolfanlage beim Parkhäusl, Schaezler-Denkmal, Stempflesee, Siebentisch- und Haunstetter Wald. –*

Route: Ampel bei der Roten-Tor-Kreuzung – Rote-Torwall-Straße – Baum-gartnerstraße – Prof.-Steinbacher-Straße.

Am **Roten Tor** ❿: wunderschön renoviertes Altstadtensemble mit dem Roten Tor von Elias Holl, der **Freilichtbühne** (Theater-Aufführungen im Juli), dem ehemaligen Hl.-Geist-Spital mit dem bekanntesten Marionettentheater Deutschlands, der **„Augsburger Puppenkiste"** ⓫, dem **Schwäbischen Handwerkermuseum** ⓬ im ehemaligen Brunnenmeisterhaus hinter den historischen Wasser-türmen und dem Renaissance-Garten im Stadtgraben.

4,9 km

Westlich geradeaus in der *Kirchgasse* weiter durch das *„Ulrichsviertel"* zum *Saurengreinswinkel* und die *Peter-Kötzer-Gasse* zur Basilika von St. Ulrich und Afra.

Saurengreinswinkel ⓭: Allein schon des Namens wegen lohnt der Abstecher in die Seitengasse der Kirchgasse, wo ehemals Familie Saurengrein ihren Bauernhof führte und sich das schmalste Haus Augsburgs, Bayerns, Deutschlands (?) keilförmig hinstreckt. Innen übrigens ein Idyll, wie viele Wohnungen in diesem mustergültig sanierten Altstadtviertel.

5,1 km

Katholische **Basilika St. Ulrich und Afra** ⓮: An der Stelle eines römischen Friedhofs entstand die Grablege der Augsburger Bischöfe um das Grab der Afra herum, deren Wallfahrt seit 565 als älteste Wallfahrt in Deutschland bezeugt ist (s. auch Touren 5 u. 6). Bischof Ulrich, der geistliche Beistand der deutschen Kämpfer in der Ungarnschlacht von 955 auf dem Lechfeld, ist auf Grund seines seel-sorgerischen Wirkens einer der Diözesanpatrone. Die spätgotische Kirche beeindruckt mit einer Innenausstattung um 1600, die künst-lerisch noch der manieristischen Renaissance verhaftet ist. An die katholische Basilika St. Ulrich und Afra angebaut ist die protestantische Ulrichskirche – als sichtbares Zeichen der „Augsburger Parität", jener auf 1555 zurückgehenden friedvollen Nachbarschaft von Katholiken und Protestanten in der Stadt (heute im Verhältnis 70:30).

5,5 km

Auf der *Maximilianstraße,* der „Kaisermeile", zurück Richtung Rathausplatz.

Die **Maximilianstraße** ⓯: Prozessionsweg, Flaniermeile, spät-abends Jugendtreff, „erste Adresse" der Altstadt – hier und in den Seitenstraßen reihen sich nun Sehenswürdigkeiten aneinander: **Haus Nr. 48** ⓰, typisches Bürgerhaus mit schönem Innenhof; ein paar Meter nach links in der *Kapuzinergasse 10* das **„Kathan-haus"** ⓱ mit repräsentativ-kunstsinniger Fassadenmalerei um 1750.

5,9 km

Mitten auf der Maximilianstraße steht der **Herkulesbrunnen** ⓲ von 1602, zum 1600jährigen Stadtjubiläum von Adrian de Vries geschaffen; daneben das **Schaezlerpalais** ⓳ des Habsburger Bankiers Liebert von Liebenhofen (1770) mit einem phantastischen Rokoko-Festsaal (Eintritt, sommers Mozart-Konzerte, Tel. 08 21 / 3 24 - 21 75), Deutscher Barockgalerie und Staatsgalerie (Jakob-Fugger-Portrait von Dürer, Holbein- und Burckmair-Gemälde). Das **Römische Museum** ⓴ in der ehemaligen Dominikanerkirche in der *Wintergasse* (empfehlenswerter Zugang durch den *Gossnerhof* gegenüber dem Schaezlerpalais) mit Dokumentation der römischen Provinzhauptstadt „Augusta Vindelicum" fand in ungewöhnlichem, aber um so eindrucksvollerem Rokoko-Ambiente Platz; Tel. 08 21 / 3 24 - 21 80; beide Museen sind geöffnet Mi. – So. 10–16 Uhr.

In unmittelbarer Nachbarschaft dann die **Fuggerhäuser** ㉑: Im Stil orientalischer Funduks (italien. fondaco = Warenlager, Handelshof) 1515 errichtet, waren sie Schauplatz der Weltgeschichte in der ersten Hälfte des 16. Jahrhunderts, als die Fugger mit ihrer wirtschaftlichen Macht die Habsburger Politik und die Rolle des Vatikans bestimmten. Der elegante „Damenhof" ist im Stil eines italienischen Gesellschaftshofes der Frührenaissance gestaltet. Ranghöchste Gäste logierten im Gästehaus, dem heutigen Hotel „Drei Mohren", in dessen Garten die ersten Tulpen Europas gezüchtet wurden.

Und das **Weberhaus:** letztes freskengeschmücktes Zunfthaus mit neuerer bildhafter Darstellung der Ungarnschlacht von 955.

Merkurbrunnen ㉒ von Adrian de Vries (1599): dem Gott der Händler und der Diebe gewidmet. Er beschütze von nun an Ihr Fahrrad, das Sie wegen der Fußgängerzone und der kurzen Wege sinnvollerweise hier anschließen und zu Fuß weitergehen.

Zeughaus ㉓, 1607 von Elias Holl erbaut, mit lehrbuchhafter Renaissance-Fassade und einem gewaltigen Erzengel Michael aus Bronze von Hans Reichle.

Das **Maximilianmuseum** ㉔ zur Stadtgeschichte in der *Philippine-Welser-Straße* beim Fuggerdenkmal präsentiert besonders gut das Kunsthandwerk der Augsburger Goldschmiede aus dem 18. Jahrhundert, der Zeit des „Goldenen Augsburg".

Ein paar Schritte weiter, über den *Königsplatz* hinaus, in der *Halderstraße 6:* das **Jüdische Kulturmuseum** ㉕, mit Judaica, Sonderausstellungen und einer der eindrucksvollsten Jugendstil-Synagogen Deutschlands (Di. – Fr. 9–16, So. 10–17 Uhr, Tel. 08 21 / 51 36 58).

Zurück über den *Königsplatz,* dokumentieren in der *Annastraße* **St. Anna** ㉖ und die Lutherstiege das reformatorische Wirken von

Martin Luther 1518 auf dem Augsburger Reichstag in dem kleinen Museum des ehemaligen Klosters. Hier beeindrucken auch: der spätgotische Kreuzgang des Klosters (1497), die spätgotische Zunftkapelle der Goldschmiede mit reicher Freskenbemalung (1420/1496), die Fugger-Kapelle von 1518 mit den Fugger-Grablegen im westlichen Anbau – sie gilt nach einem Entwurf von Dürer als erster Renaissance-Bau Deutschlands –, die Cranach-Bilder von Luther und Friedrich von Sachsen (1529), die Rokoko-Ausstattung des Langhauses von 1748 – Stuck: Brüder Feichtmayer; Fresken von J. G. Bergmüller – und nebenan das Anna-Gymnasium von 1615, das Vorbild aller Schulhausbauten bis in die 50er Jahre unseres Jahrhunderts.

Gleich nebenan der **Stadtmarkt** ㉗ in der *Annastraße:* schwäbisch-bayerisch-bunt, besonders am Freitag- und Samstagvormittag, wenn Bauernmarkt stattfindet und viele bayerische Bäuerinnen, erkennbar an den blauen Schürzen und dem Dialekt, ihre Produkte verkaufen (Erklärung siehe Tour 5). Um 11, 12 und 13 Uhr kräht der Gockel: Feierabend für die Händlerinnen. Die Läden schließen wie üblich.

Das **Naturmuseum** ㉘ in den *Ludwigspassagen* veranschaulicht die geologisch-botanische Entwicklung des Alpenvorlandes und liefert für die folgenden Radtouren ins Augsburger Umland prima Basisinformationen (Mi.–So. 10–16 Uhr, Tel. 08 21 / 3 24 - 67 40).

Zum Schluß, dem „Feierabend" unserer an Kilometern kurzen Tour, empfehle ich eine Pause auf dem **Rathausplatz** ㉙, wo sich unter dem Schutz der Brunnenfigur des Kaisers Augustus Ambiente und Flair einer italienischen Piazza paaren mit der schwäbisch-bayerischen Gastlichkeit und Gemütlichkeit. Dort treffen sich auch die Augsburger. Waschechte „Augschburger" erkennt man an ihrem „sch"-Dialekt und besonders im August/September an ihrem Lieblingsgebäck, dem saftigen Zwetschgen-Datschi zum Kaffee. Daher der Spitzname für die Augsburger: „Datschiburger – hosch mi', woisch!"

6,3 km

Sonnige Reischenau:
durch Schmutter-, Zusam- und Rothtal

Eine sonnige Radtour auf zumeist ebenen Wegen und Nebenstrecken durch die Wiesen des Schmutter-, Zusam- und Rothtales ins Herz des Naturparks Augsburg – Westliche Wälder, am allerschönsten Anfang Mai, wenn der Löwenzahn blüht und die ganze Landschaft gelb färbt. Die vielen Kühe belegen die dominierende Rolle der Milchwirtschaft hier im Alpenvorland. Kulturliebhaber können sich auf Dinkelscherben (Museum), Bieselbach (spätgotischer Kapellenaltar), Zusmarshausen (letzte Schlacht des Dreißigjährigen Krieges) und Horgau (Barockkirche) an der alten Römer- und kaiserlichen Reichsstraße freuen. Die Braukunst und Gasthauskultur hat allerorten eine lange Tradition, auch wenn die schäumende Radlermaß eine relativ junge Erfindung ist – wie eben das Radl auch.

Start und Ziel:	*Neusäß*
Streckenlänge:	*57 km*
Charakter:	*Leicht, ohne wesentliche Steigungen, größtenteils befestigte Wege.*
Wegweisung:	*Stets markiert, Symbol Sonne.*
Varianten:	*Mehrere möglich.*
Verkehrsverbindungen:	*Dinkelscherben – Augsburg mit Regionalzügen der Deutschen Bahn (in der Regel stündlich, Kursbuch 981, AVV R 6), Halt in: (Kutzenhausen), Gessertshausen, Diedorf, Westheim, Neusäß.*
Radservice:	*Augsburg, Neusäß, Dinkelscherben, Zusmarshausen (siehe Gelbe Seiten im Telefonbuch).*
Einkehrmöglichkeiten:	*In vielen Orten unterwegs, auch vereinzelt außerhalb, z. B. am ehemaligen Bahnhof Horgau.*

Die Tour auf einen Blick

Nr.	km	Beschreibung
1	0	Startpunkt: **Neusäß,** Volksfestplatz an der *Georg-Odemer-Straße,* Beginn des **Landrat-Dr.-Frey-Radwegs** auf der Trasse der ehemaligen **"Weldenbahn"** in den Naturpark Augsburg – Westliche Wälder nach Welden (Wegweiser und Markierungen).
2	1,5	Die **Schmutterbrücke** leitet nach
3	3	**Ottmarshausen:** Vom Landrat-Dr.-Frey-Radweg links, südlich in die Ottmarshauser *Mühlbachstraße* abbiegen. Kurz vor der Schmutterbrücke rechts ab und auf dem unbefestigten Schmuttertalweg (Wegweiser) oder auf der Ortsverbindungsstraße und dem begleitenden Radweg nach Hainhofen und Biburg-Kreppen. Unterwegs lockt
4	4	**Hainhofen** mit Schloß und Dorfkirche,
5	5	**Schlipsheim** mit ehemaliger Schloßkapelle.
6	6	In **Biburg-Kreppen** die B 10 vorsichtig überqueren und auf einem unbefestigten Wiesenweg am Waldrand Richtung Diedorf.
7	9	In **Diedorf** mit der "Alten Pfarrkirche" gleich beim ersten Haus am Ortsrand (Naturpark-Wegweiser) rechts ab Richtung Oggenhof/Hausen.
8	10	**Oggenhof:** am Ortseingang die *Oggenhofstraße* queren und dem weißen Ortswegweiser nach Hausen folgen.
9	11	**Hausen:** auf ausgeschilderten Ortsverbindungsstraßen weiter nach
10	13	**Deubach** mit der Kirche St. Gallus.
11	15	**Kutzenhausen:** weiter über die Weiler Buch und Schempach nach
12	20	**Häder** mit der Kirche St. Stephan: entweder den kürzeren Radweg entlang der Kreisstraße nach Dinkelscherben oder auf der völlig ebenen Nebenstraße über Neuhäder, Lindach und Au nach
13	25	**Dinkelscherben** mit dem Burgberg. Vom Ortszentrum auf der *Bahnhofstraße* südlich, nach wenigen Metern rechts auf den Zusam-Radweg einbiegen (Schilder und Markierungen) und auf ihm weiter nach
14	28	**Fleinhausen,**
15	30	**Gabelbach** mit der barocken Dorfkirche und
16	35	**Zusmarshausen:** Im Zentrum den Wegweisern östlich Richtung Augsburg folgen und nach rund 500 m, bei einem Sägewerk, gemäß den Naturpark-Wegweisern rechts, auf befestigtem Weg nahezu eben Richtung
17	39	**Bieselbach** mit der Dorfkapelle und
18	41	**Horgau.** Beim Gasthaus "Platzer" die B 10 an der Ampel überqueren und geradeaus weiter durch
19	42	**Horgauergreut** zum
20	43	**ehemaligen Bahnhof Horgau** und auf dem Landrat-Dr.-Frey-Radweg wieder zurück nach
21	52,5	**Aystetten** und
22	57	**Neusäß.**

*Variante 1: Der **Bismarckturm** (7 km von Neusäß bis Biburg-Kreppen)*
*... ist schon bei der Anfahrt von **Augsburg** über Stadtbergen und Steppach nach Neusäß ein gutes Zwischenziel, besonders bei klarem Wetter. Nach Rad-Wegweisern des Landkreises erst unter der B 300 durch und noch vor Beginn des Ortsteils Steppach auf befestigtem Weg hinauf zum von weitem sichtbaren **Bismarckturm** (geöffnet 1. 4.–31. 10. von 9 Uhr bis Sonnenuntergang) oder zum Feldkreuz auf dem Sandberg nebendran. Ein paar Schweißtropfen kostet die schönste Aussicht auf das gesamte Lechtal, den altbairischen Lechrain am östlichen Horizont, die namengebenden, dunkelgrünen Wälder des Naturparks und Augsburg mit seinen Nachbarorten mittendrin. Bei Föhn reicht der Blick sogar von den Alpen im Süden das ganze Lechtal hinab bis zur Schwäbischen Alb (Fernglas empfehlenswert!).*

Der 1905 eingeweihte Turm erinnert wie in vielen Städten Deutschlands an den Reichsgründer, einstigen Reichskanzler und Ehrenbürger Augsburgs Otto von Bismarck (1815–1898). An seinem Geburtstag, dem 1. April, war es früher Brauch, bei einer Kranzniederlegung an diesem ehemaligen nationalen Ehrenmal seiner zu gedenken. Heute üben sich häufig „Freeclimber" im freien Fassadenklettern an den „Gedenksteinen" des Turms.

*Weiterfahrt westlich über die Bismarckstraße und Alte Reichsstraße nach **Steppach** und auf dem Radweg entlang der alten B 10/300 über den Sandberg nach Vogelsang und **Biburg-Kreppen** (Wegweiser), wo wir auf die Originalroute der Tour treffen.*

Nun aber der Beginn der Hauptroute: In **Neusäß ❶** am Volksfestplatz an der *Georg-Odemer-Straße* beginnt der **Landrat-Dr.-Frey-Radweg** nach Welden (Wegweiser und Markierungen, großer Parkplatz, Einkaufs- und Einkehrmöglichkeiten in unmittelbarer Umgebung).

Einen Besuch lohnt in Neusäß – vielleicht auch nach der Tour – das **Deutsche Glasmalerei-Zentrum** unter Leitung von Josef Hannesschläger, der ein Verfahren entwickelte, rund 150 hinterleuchtete, originalgetreue Großprojektionen europäischer Kirchenfenster vom 11. bis 20. Jahrhundert auf Folie zu präsentieren; Herstellung und Werksverkauf: Siemensstraße 2, Tel. 08 21 / 46 50 15, geöffnet Di., Do. 10–12 und 13–16 Uhr.

„Augsburger Radler-Lust" – wortwörtlich: Mühelos, dank sanftem Gefälle, nehmen wir den bestens gepflegten Landrat-Dr.-Frey-Radweg unter die Reifen. Dieser benützt die Trasse der ehemaligen „Weldenbahn" in den Naturpark Augsburg – Westliche Wälder (Näheres dazu bei Tour 3).

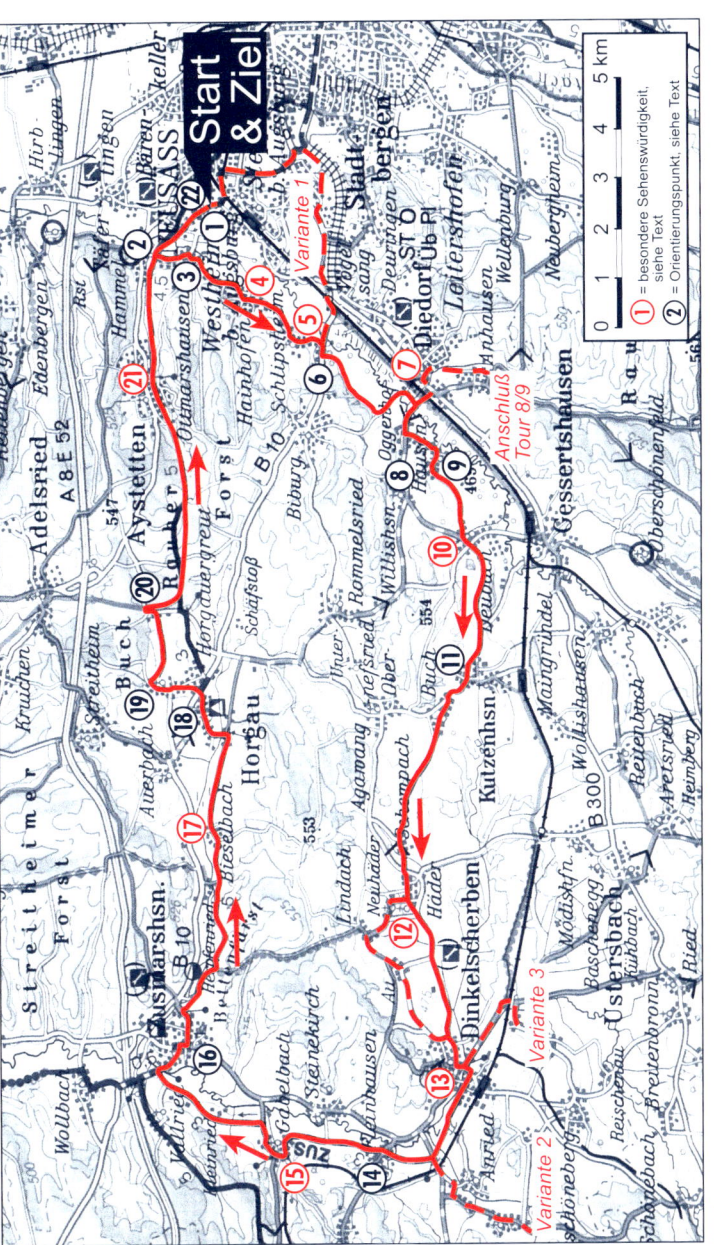

1,5 km   Die reizvolle Wiesenlandschaft an der **Schmutterbrücke** ❷ mit idyllisch-romantischen Altwassern wirkt besonders Anfang Mai zur Zeit der Löwenzahnblüte am fotogensten.

Gemütlich mäandrierend fließt die **Schmutter** von Mühle zu Mühle. Petrijünger sitzen da und harren auf den Fang ihres Lebens. Sommers lockt der Fluß, doch das Schmutterwasser lädt nicht unbedingt zum Baden ein – heißt Schmutter auf mittelhochdeutsch doch „die Schmutzige", passend zu dem Fluß mit viel Trübe. Tatsächlich reißt die Schmutter, die bei Siebnach am nördlichen Rand der eiszeitlichen Endmoränen entspringt, besonders nach Starkregenfällen leicht einmal allerhand mit. Grundwasserstauende alpine Flußschotter fehlen. So liegt ihr Tal auf gleicher geographischer Breite rund 5 m tiefer als das stärker aufgeschotterte Lechtal. Darum fließt auch die Schmutter parallel zum Lech bis zur Mündung in die Donau. Also: erfrischen Sie sich lieber innerlich – oder an einer geeigneteren Stelle.

2 km
3 km   **Hammel**

Wir biegen in **Ottmarshausen** ❸ vom Landrat-Dr.-Frey-Radweg links, südlich in die Ottmarshauser *Mühlbachstraße* ab. Kurz vor der Schmutterbrücke weisen Verkehrsschilder und Wegweiser des Naturparkvereins Richtung Hainhofen, das wir auf der befestigten Ortsstraße oder auf dem unbefestigten Schmuttertalweg (Wegweiser) ansteuern können. Von dort auf der Ortsverbindungsstraße oder dem begleitenden Radweg nach **Biburg-Kreppen.**

4 km   In **Hainhofen** ❹ bildet das ehemalige (Wasser-)Schloß, Ende des 16. Jahrhunderts unter Anton Fugger errichtet (heute privat), zusammen mit der hübschen barocken Dorfkirche (1719) die Mitte eines heute noch stimmigen Dorfensembles.

Die barocke, 1793 erbaute ehemalige Schloßkapelle St. Nikolaus in
5 km   **Schlipsheim** ❺ besitzt eine bemerkenswerte Ausstattung, beispielsweise Fresken von Johann Josef Anton Huber, einen Altar mit Gemälden von Johann Rottenhammer und eine Kreuzigungsgruppe von Andreas Hainz.

6 km   In **Biburg-Kreppen** ❻ bei der früheren Schmuttermühle vorsichtig über die B 10 und nun auf einem landschaftlich reizvollen, unbefestigten Wiesenweg entlang dem Waldrand und den Naturpark-Wegweisern Richtung Diedorf.

Auch wenn wir **Diedorf** ❼ nur am Ortsrand streifen, lohnt ein Abstecher zur ländlich-lieben „Alten Pfarrkirche" St. Bartholomäus, 1736 von Joseph Meitinger errichtet, allemal. Die Fresken stammen von dem einheimischen Künstler Johann Georg Kuen. Die neue, von weitem auffallende Kirche, mit ihrem minarettähnlichen Turm, liefert dazu einen starken baulichen Kontrast. Religiöser Zeitgeist wird damit noch klarer sicht- und spürbar.

9 km

Gleich beim ersten Haus am Ortsrand leitet der Naturpark-Wegweiser rechts ab Richtung Oggenhof/Hausen. Schmale Brücken führen den Radweg über die Schwarzach und Schmutter. Neben letzterer entsteht ein neuangelegtes Biotop inmitten eines rückgebauten Altwassers (Infotafel).

Von der *Oggenhofstraße* ergeben sich in östlicher Richtung (nach Diedorf und Anhausen) Verknüpfungsmöglichkeiten mit den Touren 8 und 9 in diesem Buch (Nr. 9 u. 10 in der ADFC-Regionalkarte) ins Anhauser Tal, Richtung Oberschönenfeld und in die Stauden-Landschaft.

Am Ortseingang **Oggenhof** ❽ queren wir die *Oggenhofstraße* und folgen dem weißen Ortswegweiser nach **Hausen,** das schon auf der anderen Straßenseite beginnt. Besonders schön blühen hier die Schmutterwiesen Anfang Mai und Anfang August. Die weitere Route führt nun auf wenig befahrenen, tadellos beschilderten Ortsverbindungsstraßen weiter.

10 km

Wie in den zahlreichen anderen, kleinen Schmuttertalgemeinden wird auch in **Hausen** ❾ ständig neu- oder umgebaut. Sogenannte „Randwanderer" ziehen aus Augsburg heraus und genießen von ihrem Garten oder ihrer Terrasse aus den Blick auf die sonnige Wiesenlandschaft des Schmuttertales. Das attraktive Wohnen im Naherholungsgebiet des Naturparks hat aber auch seinen Preis.

11 km

Die Kirche St. Gallus in **Deubach** ❿: Ein Vergleich mit der Schlipsheimer Pfarrkirche lohnt, denn der Künstler war derselbe, der spätere Augsburger Akademiedirektor Johann Joseph Anton Huber. Von ihm stammen die gemalte Stuckdekoration, die Altarblätter und Fresken. Beachtenswert sind auch die Skulpturen von Placidus Verhelst und Ignaz Wilhelm seitlich des Hochaltars.

13 km

Kutzenhausen ⓫ – Dorfbrauerei? Das war einmal. Die hier ansässige Privatbrauerei wächst und wächst. Ihr Marketing-Plus ist der größte Heimlieferservice Deutschlands. Am Ortsrand lädt ein kleines Freibad ein, im Ort – wie schon in Deubach – ein Biergarten. Lust auf ein

15 km

„Radler", auf diese Mischung aus Bier mit weißer Limonade? – Aber eines ist sicher: Auch Radfahrer sind Verkehrsteilnehmer und haben die Promillegrenze einzuhalten (1 bis 2 halbe Liter Bier!), was sie auch zur Beförderung ihrer Fitneß tun sollten.

 Über die Weiler **Buch** und **Schempach** auf befestigten Ortsverbindungsstraßen nach **Häder** in der Reischenau.

20 km Die Kirche St. Stephan in **Häder** ⑫ ist ein dörfliches Rokoko-Juwel! Eine famose Stuckdekoration, wahrscheinlich aus der Wessobrunner Werkstatt Feichtmayer, und wirkungsvolle Fresken von Joseph Mages ergänzen sich hier zu einem glanzvollen Ausdruck von Kunstsinn, Lebensfreude und Volksfrömmigkeit der Zeit um 1765. Unbedingt anschauen!

Die **Reischenau** ist mitten im Naturpark Augsburg – Westliche Wälder ein überschaubares Becken, das der kleine Aubach in der Nacheiszeit ausgeräumt hat. Ihr Name leitet sich vom althochdeutschen „risc" für Binsen, Schilf, Riedgras ab. Noch heute blühen im Naturschutzgebiet des „Moos" zahlreiche seltene Pflanzen. „Die Natur ist hier noch im Lot", verkündet stolz der ehemalige Bürgermeister von Dinkelscherben. Radler genießen außer der Natur die nahezu ebenen Wege in der Reischenau.

Entweder auf dem kürzeren Radweg entlang der Kreisstraße nach Dinkelscherben oder auf der ebenen Nebenstraße über Neuhäder, Lindach und Au, wie es die ADFC-Regionalkarte Augsburg vorschlägt.

25 km **Dinkelscherben** ⑬ ist Hauptort der Reischenau und liegt zu Füßen des 537 m hohen, von weitem sichtbaren, geschichtsträchtigen **Burgbergs.** Ihn kurz, aber schweißtreibend zu erklimmen, lohnt sich nicht nur wegen der Aussicht. Die heutige Burgkapelle steht an der Stelle der mittelalterlichen Veste Zusameck (keltische Funde, Informationstafel). Nebenan lädt das Otto-Wiesenthal-(Jugend)Haus mit Sportgelände und am Fuß des Bergs das sehr schön gelegene Waldfreibad zu einer längeren Rast.

Ein Besuch des **Heimatmuseums** im ehemaligen Zehentstadel (Augsburger Straße 6, Tel. 0 82 92 / 20 20, geöffnet 1. So. im Monat 13–15 Uhr, an Marktsonntagen und nach Vereinbarung) bringt Aufschluß über die Vor- und Frühgeschichte der Reischenau, insbesondere zur Burg Zusameck. Dokumentiert wird auch das Werk der Ettelrieder Malerfamilie Scherer mit 38 Gemälden des berühmtesten unter ihnen, des weitgereisten Historienmalers Joseph Scherer (1814–1891), zusammen mit seinen drei Brüdern führender Glas- und Freskenmaler des 19. Jahrhunderts.

Die barocke Pfarrkirche St. Anna weist beachtenswerte Bilder des Augsburger Künstlers Joseph Christ auf. Und besonders sei auf den Schäfflertanz (alle 7 Jahre) und den Reischenauer Markstoi (alle 3 Jahre) hingewiesen; Informationen beim Verkehrsverein Reischenau in Dinkelscherben, Tel. 0 82 92 / 20 20.

Variante 2: Ettelried und Maria Vesperbild bei Ziemetshausen
(26 km hin und zurück)

*„Ihr Kinderlein kommet" ... nach und von **Ettelried!** Anton Höfer (1764–1837), ein Lehrerssohn aus Ettelried, hat dieses ewig junge Weihnachtslied zusammen mit dem Pädagogen Christoph von Schmid komponiert. In diesem kleinen Dorf fällt auch das „Schererhaus" auf, das Künstlerhaus der Familie Scherer (Joseph geb. 1814, Alois geb. 1818, Sebastian geb. 1823, Leo geb. 1827). Werke des „Nazareners" Joseph Scherer finden sich außer in New York, Boston oder Amsterdam natürlich auch in Dinkelscherben (siehe dort). Schwäbisch-heimatverbunden schufen sich die Scherers ein unvergängliches Andenken mit den Wandmalereien an ihrem Wohnhaus und in der heimischen Gottesacker- und der Muttergotteskapelle.*

Das kleine Schlößchen bei der Pfarrkirche wird heute noch von der Familie von Schnurbein bewohnt, Nachfahren des früheren Ortsadels.

*Jeweils im Ortszentrum den Wegweisern und Markierungen des Naturparkvereins folgend auf Ortsverbindungsstraßen und -wegen über Anried, Ettelried, den Tyrolerhof und Uttenhofen nach **Ziemetshausen** und **Maria Vesperbild** und **Schloß Seifriedsberg**: Genaueres über die Wallfahrtskirche zu Füßen des Schlosses derer von Oettingen und Wallerstein findet sich bei Tour 10.*

Variante 3: auf Pfarrer Kneipps Spuren auf dem Zusamtal-Radwanderweg nach Markt Wald und Bad Wörishofen, einfach 20 km (siehe Tour Nr. 10).

Wieder zur Hauptroute: In Dinkelscherben vom Ortszentrum 300 m südlich in die *Bahnhofstraße* und nach wenigen Metern rechts auf den **Zusam-Radweg,** der uns bestens ausgeschildert und markiert weiterleitet.

In **Fleinhausen** ⑭ steht die spätgotische Pfarrkirche St. Nikolaus (15. Jh.) mit wundertätigem Kreuz.

30 km Die stattliche barocke Dorfkirche St. Martin (1738) in **Gabelbach** ⑮ das Hauptwerk von Johann Paulus – mit hervorragender Stuckdekoration der Gebrüder Finsterwalder und Fresken von Alois Mack –, verspricht ein umfassendes Erlebnis: besonders wenn die wertvolle Orgel erklingt.

35 km Der Marktort **Zusmarshausen** ⑯ wurde 892 als karolingisches Hofgut beurkundet. Tatsächlich ist er wesentlich älter. An der ehemaligen Römerstraße Augsburg–Rheingau gelegen, deuten neuere Ausgrabungen darauf hin, daß erstmals der in der römischen Straßenkarte erwähnte Ort „ponione" (vgl. mhd. „Pontone" = Brückenort) im nördlichen Ortsbereich durch engagierte örtliche Archäologen lokalisiert werden konnte. Später war Zusmarshausen Sitz des fürstbischöflichen Pflegamts (um 1500–1804), eines Landgerichts (1804–1862) und Bezirksamts (1862–1929). Am bedeutendsten war jedoch Zusmarshausens Rolle als wichtige Poststation der Thurn- und Taxisschen Post an der alten deutschen Heer- und Königsstraße. So standen hier um 1800 stets rund 200 Pferde bereit, mitten an der bedeutenden Habsburger Route Wien–Brüssel.

Die Gemeinde ist mit ihrer außerordentlich lebendigen Traditionspflege, insbesondere bei Ortsfesten und Feiern (Festkalender beachten!), in der ganzen Region Augsburg sehr geschätzt. Am 17. Mai 1648 tobte hier die letzte Schlacht des Dreißigjährigen Krieges zwischen den kaiserlichen Truppen und den alliierten Franzosen und Schweden. Seither hat man's mit den Schweden in Legenden, Brauchtum und beim Bierbrauen. Der Erinnerung an vergangene Zeiten dienen auch das Heimatmuseum (geöffnet Fr. 16–17, So. 10–11 Uhr) und das Museum der 50er Jahre (Ulmer Straße 19 a, geöffnet So. 17–20 Uhr).

Weitere Tips: Der Rothsee am östlichen Ortsrand eignet sich für eine Badepause. An den Wochenenden Ende Juni und Anfang Juli finden alljährlich das feuchtfröhliche „Rothsee-Fest" und das urige „Bergfest" beim Anwesen Lindgraben statt. In schönerer Umgebung kann man zünftige Bierfeste nicht feiern. Und vom Freizeitgelände „Am Horn" im Süden des Ortes bietet sich eine schöne Aussicht auf Zusmarshausen und das Zusamtal.

Im Zentrum von Zusmarshausen östlich Richtung Augsburg (Wegweiser) und nach rund 500 m bei einem Sägewerk gemäß den Naturpark-Wegweisern rechts ab, auf befestigtem Weg nahezu eben Richtung Rothsee–Bieselbach–Horgau, denn meist schiebt hier der Westwind uns Radler richtig vor sich her – was mühelos erstaunliche Geschwindigkeiten bewirken kann.

Zusmarshausen: Radlerpause am Rothsee (Touren 2 und 3)

Naturpark – Bilderbuchdorf: Horgau (Touren 2 und 3)

Radl-Lustpartie auf dem Landrat-Dr.-Frey-Radweg im Schmuttertal (Touren 2, 3 und 4)

Im „Schwäbischen Holzwinkel": Der Köhler von Lauterbrunn (Tour 3)

Die kleine Dorfkapelle in **Bieselbach** ⓱ ist so klein und unauffällig, daß man sie auch als Radler fast übersieht. Dabei ist sie mit ihrem kunsthistorisch wertvollen, spätgotischen Flügelalter (1510) von Daniel Mauch aus Ulm ein Ziel vieler interessierter Fachkenner. Das herausragende Kunstwerk zierte einst die Schloßkapelle der Familie Rehlinger in Horgau.

39 km

Horgau ⓲ ist eine schwäbische Gemeinde, die im Zusammenhang mit der Gebietsreform Schlagzeilen machte. Jahrelang erstritten die Bürger, letztendlich erfolgreich, ihre Selbständigkeit – und pflegen sie inmitten ihres schönen Ortsbildes. In der barocken Pfarrkirche St. Martin (1715/20) findet sich im Hochaltarbild die anschauliche Darstellung der Schwedenschlacht von 1648, der letzten Schlacht des Dreißigjährigen Krieges, dessen langersehntes Ende den Augsburgern als einziger Stadt der Welt einen Friedensfeiertag (8. August) bescherte und dem Barock erst die Tür nach Deutschland öffnete.

41 km

Während die Geschichte hier eine entscheidende Wende nahm, halten wir es mit den Römern: immer geradeaus! Auf der (ehemals römischen) Hauptstraße bis zum „Platzer" und an der Ampel über die B 10, können wir uns nun zwischen zwei Routen entscheiden: zum einen auf dem Radweg kurz der B 10 entlang, dann total eben und geradlinig (d.h. original römisch) über die *Bahnhofstraße* zum ehemaligen **Bahnhof Horgau**. – Wer noch fit ist, sollte die aussichtsreiche Route über Horgauergreut nehmen: bei der Horgauer Ampel geradeaus weiter und gemäß den Naturpark-Wegweisern über einen kurzen, aber heftigen Aufstieg Richtung Bahnhof Horgau.

Schau mal! Was tut sich in **Horgauergreut** ⓳ für ein beispielhaft schönes, ländliches Barockensemble um die Kirche St. Magdalena (1717) auf. Postkartenmotive! Und ein paar Meter weiter – dieser Blick!

42 km

Oben – unten, oder wie die Landschaft des Alpenvorlandes gebildet wurde: Vom aussichtsreichen Sträßchen östlich von Horgauergreuth (bei Föhn mit Blick auf die Alpenkette!) läßt sich die Landschaftsgeschichte anschaulich enträtseln. Ein Blick ringsum zeigt einen nahezu ebenen, zumeist waldbestandenen Horizont. Schmelzwasserströme der Eiszeiten, allen voran eine „Ur-Iller", haben Unmengen von Flußgeröllen als sogenannte „Deckenschotter" abgelagert. Sie schützen bis heute die darunterliegenden Sande, Tone und Lehme/Letten aus der Tertiärzeit vor der Erosion. Nur wenige junge, nacheiszeitliche Bachläufe schnitten sich in diese Decken nebst Unterlage wirkungsvoll ein und bewirkten eine sogenannte „Reliefumkehr". Das heißt, was ehemals unten, in den weiten Urstromtälern lag, bildet heute die obere Decke des Alpenvorlandes im Naturpark Augsburg – Westliche Wälder, anschauliche Zeugnisse einer voralpinen Eiszeitlandschaft.

43 km   Am **ehemaligen Bahnhof Horgau** ❷⓪ besteht eine günstige Einkehrmöglichkeit kurz vor Schluß der Tour. Fast ein Jahrhundert lang verkehrte hier die „Weldenbahn" hinaus in den „Schwäbischen Holzwinkel". Die Berufspendler stiegen jedoch auf das Auto, die Schüler auf den Bus und die Naherholer auf das Fahrrad um. Die Bahnverbindung wurde eingestellt und die Trasse zum mustergültigen „Landrat-Dr.-Frey-Radweg" umgebaut. Durch die Westlichen Wälder des 117.500 ha großen Naturparks Augsburg, dem traditionellen Naherholungsgebiet der Augsburger, führen weitere rund 1.000 km Rad- und 1.500 km markierte Wanderwege.

52 km
57 km   **Aystetten** ❷❶ – Näheres dazu bei Tour 3 – wird der Länge nach durchfahren, und das Ziel ist in **Neusäß** ❷❷.

Mit Ludwig Ganghofer
im „Schwäbischen Holzwinkel" um Welden

Ludwig Ganghofer, Vater des deutschen Heimatromans, ist in und um Welden aufgewachsen. Zahlreiche Jugenderinnerungen lebten in seinen Romanen wieder auf: deutsche „Ur-Heimat" sozusagen! Ein modellhaft angelegter Radwanderweg führt auf der Trasse einer stillgelegten Bahnstrecke hinaus in den waldreichen, landschaftlich reizvollen „Schwäbischen Holzwinkel", wo nicht nur keltische Viereckschanzen und sehenswerte Barock- und Wallfahrtskirchen – in Welden, Violau oder Horgau – locken, sondern auch zahlreiche Gelegenheiten zu Einkehr und Picknick bestehen.

Start und Ziel:	*Neusäß*
Streckenlänge:	*55 km*
Charakter:	*Leicht, 1 mäßige, 2 kurze Steigungen, größtenteils befestigte Wege.*
Wegweisung:	*Stets markiert mit nebenstehendem Symbol.*
Varianten:	*Mehrere möglich.*
Verkehrsverbindungen:	*Augsburg – Neusäß mit Regionalzügen der Deutschen Bahn (in der Regel stündlich, Kursbuch 981).*
Radservice:	*Augsburg, Neusäß, Adelsried, Welden, Altenmünster, Zusmarshausen (siehe Gelbe Seiten im Telefonbuch).*
Einkehrmöglichkeiten:	*In vielen Orten unterwegs, auch vereinzelt außerhalb, z. B. in Kruichen und am ehemaligen Bahnhof Horgau.*

Die Tour auf einen Blick

Nr.	km	Beschreibung
1	0	Startpunkt: **Neusäß,** Volksfestplatz an der *Georg-Odemer-Straße,* Beginn des **Landrat-Dr.-Frey-Radwegs** auf der Trasse der ehemaligen „Weldenbahn" in den Naturpark Augsburg – Westliche Wälder nach Welden (Wegweiser und Markierungen): über
2	2	**Hammel,**
3	4,5	**Aystetten** mit dem Schloß,
4	7	**„Bei den sieben Wegen"** (Wegkreuzung mit Picknickhütte),
5	9	**Hallstattzeitliches Grabhügelfeld** beim Bahnhof Horgau,
6	11	**Adelsried** mit der Autobahnkirche nach
7	18	**Welden:** Vor der Pfarrkirche links ab und auf einem unbefestigten Feldweg nach
8	21	**Reutern,** dort etwa 500 m auf der Hauptstraße nach Norden, dann links nach
9	24	**Altenmünster:** Auf der Ortsstraße südlich Richtung Zusmarshausen, nach rund 500 m rechts und gleich wieder links durch das Dorf nach
10	26	**Violau** mit der Wallfahrtskirche: Auf der Kreisstraße nach Unterschöneberg, dort kurz bergauf zur Dorfstraße und nach 50 m rechts in einen unbefestigten Feldweg. Erst parallel zum kleinen Heimenbach, dann über ihn hinweg Richtung Wollbach, ab hier Wegweisung des Zusamtal-Radweges.
11	31	**Wollbach:** rechts, nach 400 m links und unter der A 8 durch nach
12	33	**Zusmarshausen,** von hier an wie bei der Tour 2 nach
13	37	**Bieselbach** mit der Dorfkapelle,
14	39	**Horgau,** geradeaus über die B 10, durch
15	40	**Horgauergreut,** zum
16	41	**ehemaligen Bahnhof Horgau** und auf dem Landrat-Dr.-Frey-Radweg über
17	50,5	**Aystetten** zurück nach
18	55	**Neusäß.**

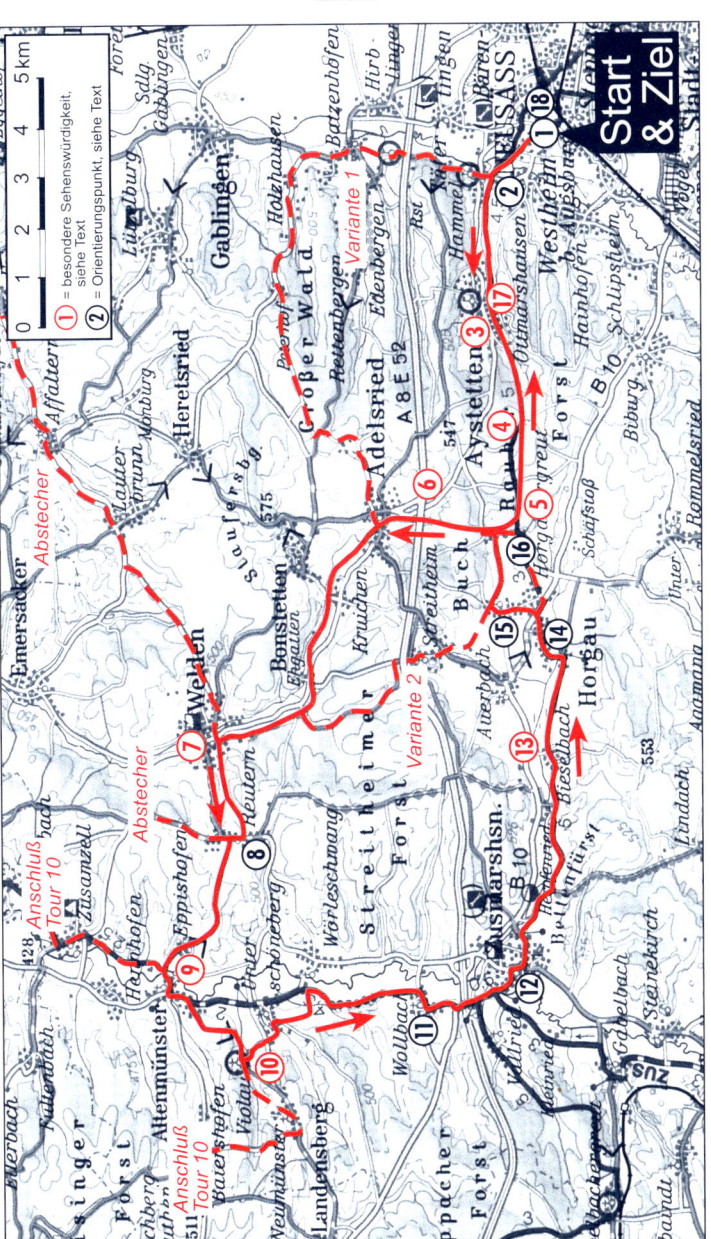

In **Neusäß** ❶ am Volksfestplatz an der *Georg-Odemer-Straße* beginnt der **Landrat-Dr.-Frey-Radweg** nach Welden (Wegweiser und Markierungen, großer Parkplatz, Einkaufs- und Einkehrmöglichkeiten in unmittelbarer Umgebung), weitere Informationen zu Neusäß siehe Tour 2.

Die „**Weldenbahn**" – so mögen's (fast) alle Radler: Unsere Tour beginnt auf der ehemaligen Trasse der „Weldenbahn", hinaus in den schwäbischen Holzwinkel, den nördlichen Teil des Naturparks Augsburg – Westliche Wälder. Die 21 km lange Bahnlinie Augsburg – Welden wurde ursprünglich zum Abtransport des Holzes gebaut. 5 Personenzüge am Tag erschlossen mit ihrem Maximaltempo von 60 km/h die damals sehr abgelegenen Dörfer in dem dünn besiedelten Landstrich. Eine gemütliche Landpartie per Dampfroß war es auch für Ludwig Ganghofer, wenn er von der Schule zurück in seinen heißgeliebten „Holzwinkel" fuhr. 1986 wurde der Bahnbetrieb eingestellt. Bald schon erkannte der damalige Augsburger Landrat die Chance zum Umbau der Bahntrasse in einen Radweg. Der nach ihm benannte Landrat-Dr.-Frey-Radweg wurde 1990 offiziell eingeweiht und ist seitdem einer der beliebtesten Wege für Radler, Inline-Skater und Wanderer in der Region Augsburg.

Auch wenn die Strecke bis Welden sehr gepflegt ist, muß man doch an einigen Stellen besonders aufpassen. So können die seitlichen, unbefestigten Bankette nach Regenfällen sehr aufgeweicht und entsprechend schwer befahrbar sein. Und an den Wegkreuzungen erfordern Kopfsteinpflaster und Schwellen unsere Aufmerksamkeit.

1,5 km Über die **Schmutterbrücke** durch die reizvolle Wiesenlandschaft des Schmuttertales (siehe auch Tour 2) mit idyllisch-romantischen Altwassern.

2 km Zu Neusäß-**Hammel** ❷ Genaueres bei Tour 4.

Mit wenigen Pedaltritten sind wir mitten drin im 117.500 ha großen **Naturpark Augsburg – Westliche Wälder.** Er vermittelt seinen Besuchern die typische Landschaft des Alpenvorlandes, stellt das traditionelle Naherholungsgebiet für den Großraum Augsburg dar, und mehr als die Hälfte seiner Fläche steht unter Landschaftsschutz.

4,5 km **Aystetten** ❸: Seit 1858 ist das Schloß in Besitz der Familie von Stetten. Es wurde 1487 erstmals urkundlich erwähnt und hat seine heutige Gestalt größtenteils um 1750 erhalten. Besonders schön zeigt sich der „Porzellansaal" mit seinem Wandfliesendekor als ideales

Ambiente für gelegentliche, öffentliche Konzerte im ansonsten privat genutzten Schloß. Auch das Schlößchen Luisenruh am nördlichen Waldrand stammt aus dieser Zeit und diente als Landsitz reicher Augsburger Patrizier. Einst wie jetzt gilt Aystetten als vornehmer Villenvorort von Augsburg, als „gute Adresse".

„Bei den sieben Wegen" ❹: Kein Denkmal, kein umfassenderes Hinweisschild markiert an dieser Wegkreuzung mit Picknickhütte diesen national bedeutsamen Platz. Die ehemalige Römer- und kaiserliche Heerstraße verläuft von West nach Ost Richtung Augsburg. Hier, am Fuße des Griesbergs, begann am 10. August 955 die Ungarnschlacht. Die beim Gunzenlee am Lech lagernden Ungarn (siehe ADFC-Regionalkarte Touren Nr. 5, 6 und 8) griffen mit ihren Reiterscharen den langen Zug der deutschen Stämme an, die am Morgen von ihrem Heerlager in Horgau aufbrachen, um sich, erstmals in der deutschen Geschichte vereint, den feindlichen Eindringlingen zu stellen. Lassen Sie einfach Ihre Phantasie schweifen und stellen Sie in Gedanken den Schlachtverlauf in dem ehemals nur licht bewaldeten Gelände nach! Der Überraschungsangriff der Ungarn führte jedenfalls zu katastrophalen Verlusten bei den deutschen Stämmen – und zu einer Art Trotzreaktion. Am nächsten Tag auf dem Lechfeld südlich von Augsburg (siehe Touren 5 bis 7) siegten die Deutschen, und in der Folge gewann das erste Deutsche Reich (genauer: Heiliges Römisches Reich Deutscher Nation) unter König Otto I., dem Großen, zunehmend an Größe und Einfluß.

7 km

Hallstattzeitliches Grabhügelfeld ❺ beim Bahnhof Horgau: Um die Geländespuren von nahezu 100 Grabhügeln aus der Zeit der Kelten (8.–5. Jh. v. Chr.) näher zu erkunden, müssen wir vor der letzten langgezogenen Rechtskurve südlich des ehemaligen Bahnhofs Horgau im Wald nach links auf den unbefestigten Waldweg abbiegen. Eine Informationstafel erklärt Lage und Bedeutung dieser bedeutenden keltischen Begräbnisstelle.

9 km

Ehedem weite Wege – kein Wunder, daß die Deutsche Bahn diese Nebenstrecke einstellen mußte. 2 km Fußmarsch vom Ort Horgau zum Bahnhof, wer nimmt denn heute noch so etwas auf sich? Drei Stationen weiter, in Streitheim, war es nicht anders. Die Ausflügler von heute kommen nicht mehr per Dampfroß, sondern per Stahl-, Alu- oder gar Karbonfaserroß.

Eine düstere, allerdings nur kurze Zeitspanne soll hier nicht unterschlagen werden. Nordöstlich des ehemaligen Bahnhofsgeländes unterhielten die Messerschmitt-Flugzeugwerke in den letzten Monaten des Zweiten Weltkrieges ein mitten in den Wald hineingebautes Werk zur Produktion von Tragflächen für den ersten serienreifen

Düsenjäger der Welt, die Me 262. Dem kleinen Bahnhof Horgau kam dabei besondere Bedeutung als Umschlagplatz zu. Unter Androhung der Todesstrafe war es den Einheimischen damals verboten, darüber zu erzählen.

11 km **Adelsried ➏**: Die 1956 eingeweihte Autobahnkirche zieht mit zwei vielbesuchten Sonntags-Gottesdiensten (u. a. um 10 Uhr) zahlreiche Ausflügler an, darunter auch viele Radler. Im Ort selbst lädt die hell-heitere, ländlich-barocke Pfarrkirche St. Johannes d. T. (1733) zu einer Besichtigung und geistlichen Einkehr ein. Profanere Einkehrmöglichkeiten mit Biergarten gleich nebenan bewahren hier die gute bayerisch-schwäbische Tradition, Kirche, Schule und Wirt beieinander zu lassen.

Hier in Adelsried beginnt auf unserer Tour der echte schwäbische **Holzwinkel,** wie ihn Ludwig Ganghofer erlebt hat: „Wo die Landschaft in den dunklen Wäldern versinkt" … „Und erst der Wald. Du rauschende grüne Seligkeit! Du redendes Buch des Werdens und Vergehens! Du unerforschliches Geheimnis, du lachende Klarheit! Brunnen aller Dinge, die gesund sind! Heimat aller schönen und zufriedenen Träume! Und jeder Tod in dir ist neues Leben!" – Das mit romantischen Stimmungen durchsetzte Wort „Wald" nehmen heute nur die Ausflügler in den Mund. Bei den Einheimischen heißt es pragmatisch-schlicht „Holz", die müssen ja auch damit Geld verdienen.

*Variante 1: **Über Peterhof zurück nach Neusäß und Augsburg** (insgesamt 27 km): Vom Zentrum Adelsrieds ausgeschildert und markiert über den Axtesberg zum beliebten Ausflugsziel Peterhof (6 km, Einkehrmöglichkeit) und auf der Kreisstraße weiter (vgl. Tour 4) über Batzenhofen – Edenbergen – Hammel nach Neusäß und Augsburg.*

Der **Staufenberg** (575 m) nördlich von Adelsried überragt seine Umgebung um rund 100 m und ist eine berühmte Stätte der Eiszeitforschung. Vor allem die Forscher Penck und Scheuenpflug haben dort die Eiszeitenfolge anhand von Schottern eiszeitlicher Flüsse näher bestimmen können. Besonders ausgeprägt ist hier die sogenannte „Reliefumkehr". Das heißt, die Talschotter der ältesten eiszeitlichen Flüsse (u. a. der Donau) lagern auf dem Staufenberg ganz oben als Deckenschotter. Je jünger, desto tiefer finden sich die Flußschotter. Am Rande bemerkt: Der berühmte Geologe und Eiszeitforscher Albrecht Penck hatte außer für Günz-, Mindel-, Riß- und Würmeiszeit auch einen guten Blick für die jungen Mädchen des Holzwinkels. Am besten gefiel ihm die Schwester von Ludwig Ganghofer, die er später sogar ehelichte.

An den ehemaligen **Bahnhof Streitheim,** einen der originellsten *15 km*
Bahnhöfe Deutschlands, erinnert außer einer großen Übersichtskarte
und Wegweisern des Naturparkvereins schon gar nichts mehr. Der
Ort dazu liegt 3,5 km entfernt jenseits des Waldes. 1903, im Jahr
der Streckeneinweihung, war den Reisenden offensichtlich der
45minütige Anmarsch durch das idyllische Radschlagtal zum Bahnhof nicht zu weit, der später zum „Geisterbahnhof" geriet. Die
letzten Triebwagen der Bahn befuhren diesen Streckenabschnitt
nahezu leer, bevor sie nach Anatolien verkauft wurden.

*Variante 2: **Durchs Radschlagtal zum Bahnhof Horgau** und zurück
(insgesamt 32 km von und bis Neusäß): Vom ehemaligen Bahnhof
Streitheim durch das Radschlagtal zum aussichtsreichen Streitheim-
Lüftenberg (Einkehrmöglichkeit) und ausgeschildert weiter über den
Weilerhof nach Horgauergreut, zum ehemaligen Bahnhof Horgau und
auf dem Landrat-Dr.-Frey-Radweg zurück nach Neusäß und Augsburg.*

Welden ❼: Vater Ganghofers Forstrevier und Ludwig Ganghofers *18 km*
(1855–1920) literarische Heimat: Ganghofer, zusammen mit Ludwig
Anzengruber (1839–1889) der Vater der deutschen Heimatdichtung,
verbrachte im Hauptort des Holzwinkels seine Jugendzeit (1859–73)
und behielt manches Holzwinkler Original in so guter Erinnerung,
daß er es dann später als gefeierter Heimatdichter in der viel dra-
matischer wirkenden Umgebung des Hochgebirges in einer neuen
Rolle und mit neuem Namen wiederauferstehen ließ, wie er es in
seiner Biographie, dem „Lebenslauf eines Optimisten" klar präzisierte.
Originale gibt es auch heute noch im Holzwinkel reichlich. Sie müssen sich bloß ein wenig unter die Leute begeben, ihnen zuschauen,
zuhören und mit ihnen reden. Am besten im Rahmen der im Som-
mer häufigen Feste, Feiern und Märkte.

Ludwig Ganghofer war, ganz nebenbei bemerkt, in späteren
Jahren ein begeisterter Radler. Ein Foto ist uns überliefert, das ihn
voller Stolz mit seinem Fahrrad zeigt. Und er war in Radlerkreisen
sehr geschätzt, schrieb beispielsweise 1897 unter dem Titel des
damals gebräuchlichen gegenseitigen Zurufs aller Radler „All Heil!"
eine hinreißend-begeisternde „Plauderei" in romantisch-verklärten
Sprachgestalten über das Radeln. Sie ist als Einführung im Verhand-
lungsband des Deutschen Radfahr-Kongresses publiziert, und ein
kurzes Zitat soll uns die bisher noch ungewürdigte Seite Ganghofers
als „Radlerdichter" näherbringen:

„Der Morgen dämmert, wenn du in behaglichem Tempo die Stadt
durcheilst, die erst mit schüchternem Leben aus ihrem müden Schlaf
erwacht. Du bist ohne Last und Mühsal – alles, was drückt, hast du

hinter dir gelassen. Jetzt die letzte Mauer, und du atmest auf. Offen liegt die Straße vor dir, die ins Blaue zieht, und mit goldigem Lichte grüßt dich der werdende Tag: „All Heil!" Auf Laub und Gräsern funkeln in Myriaden Perlen der Tau, hundert Vögel hörst du, als wär es ein einziges Lied, Frische haucht dir von überall entgegen, und du trinkst sie in deine Brust mit dürstenden Zügen. Freundliche Dörfer huschen an dir vorbei; an lichten Feldern und Wiesen, am dunklen Wald, an blauen Seen und himmelhochragenden Bergen geht deine fliegende Fahrt vorüber – und all diesen Reichtum sammelt dein gleitender Blick. Wie unbeschreiblich ist der Gewinn eines solchen Tages! Und wenn der Abend leuchtet in der Gluth seiner tiefen Farben, wenn du die Ruhe suchst, noch kaum ermüdet – was alles hast du genossen an tausendfältiger Schönheit, von der ein Nachglanz sich noch hinüberschleicht in deinen Traum! ... Und weiter geht die Reise!"...

Mehr zu **Welden:** Gedenktafel am **Ganghoferschen Forsthaus,** Bahnhofstraße 15. An der **Laugnabrücke** (Informationstafel) beginnt der ausgeschilderte Ganghofer-Rundweg rings um Welden (9 km), der auch mit dem Fahrrad gut zu befahren ist. Er verbindet die wichtigsten Erlebnisplätze aus seiner Jugendzeit.

Pfarrkirche Maria Verkündigung, ein frisch restaurierter, eindrucksvoller und harmonischer Barockbau von Joseph Schmuzer, mit Fresken von Matthäus Günther, Gemälden von Matthäus Gundelach und Holzschnittarbeiten von Stephan Luidl.

St. Thekla, 1755 vom schwäbischen Baumeister Adam Dossenberger als Fuggersche Stiftung erbaut. Die beachtenswerte Rokoko-Ausstattung stammt von Johann Baptist Enderle – ungewöhnlich die Fresken-Altäre – und Franz Xaver Feichtmayer (Stuck). Zusammen mit der Fuggerei in Augsburg und dem Gut Blumenthal bei Aichach (siehe Tour 5) wird die Kirche heute noch von den Fuggerschen Stiftungen betreut.

Östlich von Welden, am Waldrand unweit von **Lauterbrunn,** finden wir eine **Köhlerei,** die auch die ADFC-Regionalkarte verzeichnet. Alles wirkt dort, als hätte es der Köhler erst vorgestern verlassen, doch seit ein paar Jahren ist es auch hier ruhig geworden um das traditionsreiche Handwerk. Dabei brauchtes zur Barockzeit (vgl. auch Tour 4) nicht nur die Schmiede reichlich Holzkohle, sondern auch die Stukkateure, um mit diesem spezifisch leichten Material das Innere der Putten und Heiligenfiguren zu füllen. Fast glaubt man zu spüren, wie diese Leichtigkeit die Gestalten erst richtig in den Barockhimmel schweben läßt.

In Welden endet der Landrat-Dr.-Frey-Radweg. Wir biegen von der *Hauptstraße* vor der Pfarrkirche links Richtung Reutern ab (Wegweiser des Naturparkvereins). Am Friedhof vorbei steigt der unbefestigte Feldweg bis nach **Reutern** ständig leicht an.

Der Name **Reutern** ❽ (mhd. „reute" = Rodung) verweist auf die *21 km* Art der Ortsgründung im Spätmittelalter. Aus der gleichen Zeit stammen auch die Orte Baiershofen und Neumünster im weiteren Verlauf unserer Tour, deren Ortsbild weitaus originaler erhalten blieb (s. u., Abstecher von Violau).

Abstecher zur **keltischen Viereckschanze von Reutern** *(hin und zurück 2 km): Nördlich vom Ort (ausgeschildert, Informationstafel) wird die frühe Besiedlung der Gegend (4.–1. Jh. v. Chr.) durch die Kelten dokumentiert. Keltischen Ursprungs sind übrigens auch der Name des Baches* **Laugna** *(= „kleines Flüßchen") und die Wörter für die von Förstern und Jägern so gern getragene Loden-***Kotze** *und die* **Karren** *der Bauern („carruca" bzw. „carrus").*

In Reutern etwa 500 m auf der *Hauptstraße* nach Norden und dann, den Naturpark-Wegweisern folgend, links Richtung Eppishofen und Altenmünster. Zunächst auf der ebenen Kreisstraße Richtung Westen. Am Waldrand wird der Blick auf das Zusamtal frei mit weiter Aussicht nach Westen. Die schönste davon genießen wir kurz vor der Talfahrt, wenn wir nach links in einen Feldweg hinein abbiegen – ein guter Rastplatz.

Altenmünster ❾: Keine alles überragende Münsterkirche be- *24 km* herrscht den Ort. Doch maßvoll-harmonisch in das Ortsbild gefügt steht die Pfarrkirche St. Vitus (um 1700) mit ihrer ländlich-barocken Innenausstattung als Ausdruck einer bis heute verwurzelten Volksfrömmigkeit und Lebensform.

Aus diesen Wurzeln erwuchs eine geschickte Marketing-Idee: Der nach Tradition klingende Ortsname ergibt zusammen mit einem guten Bier in einer originellen Flasche und einem „Holztragel" eine gefragte Biermarke, die den Ort in ganz Deutschland bekannt gemacht hat. Eine Brauereiführung ist für Gruppen nach telefonischer Voranmeldung (Telefon 0 82 95 / 10 81), Einkehr in der Brauereigaststätte mit Biergarten jederzeit möglich.

Für eine **„Brotzeit"**, die (schwäbisch-)bayerische Variante einer geruhsamen und gleichzeitig stärkenden Pause, ist hier in fast jedem Ort entlang der Route Gelegenheit, entweder in einer Gaststätte, drinnen oder draußen, oder einfach unterwegs im Freien. Ideal ist's, wenn Sie zuvor den Schildern an Höfen, Häusern und Läden gefolgt sind, die auf den Verkauf eigener landestypischer Produkte hinweisen. Und die Bäcker und Metzger des Holzwinkels – aber nicht nur dort – verstehen ihr Handwerk!

Varianten: Auf dem **Zusamtal-Radwanderweg** *über Wertingen nach* **Donauwörth** *(ca. 34 km) oder „Auf Pfarrer Kneipps Spuren" nach* **Dillingen** *(24 km) und jeweils mit der Bahn zurück; dazu nähere Informationen bei Tour 10.*

In Altenmünster auf der Ortsstraße südlich Richtung Zusmarshausen. Nach rund 500 m rechts ab, gleich wieder links durch das Dorf und dann auf guter Straße nach Violau.

26 km   **Violau ⑩** – früher „Veilchenau" –, der idyllische Weiler in einem Seitental der Zusam, wurde durch die Zisterzienserinnen von Oberschönenfeld 1466 als besonders religiös-stimmiger Platz entdeckt. Die großartige, barocke Wallfahrtskirche „Zur Schmerzhaften Muttergottes" (1619–1757) gilt als „eines der wichtigsten ländlichen Beispiele augsburgischer Baugesinnung der Elias-Holl-Zeit". F. X. Feichtmayer (Stuck), J. G. Dieffenbrunner (Fresken) und J. G. Bergmüller (Altargemälde) haben sich unter vielen anderen Künstlern hier verewigt.

Violau beeindruckt vor allem zu den **Marienfesten im Mai** mit traditionell-lebendigen Marienwallfahrten. Das **Bruder-Klaus-Heim** der Diözese Augsburg gleich nebenan ist eine gefragte Tagungsstätte mit Umweltstudienplatz und Schullandheim. Die Sternwarte kann von Gruppen nach telefonischer Anmeldung (0 82 95 / 10 97) besichtigt werden.

Abstecher *zu den* **Rodungsdörfern Neumünster und Baiershofen** *(hin und zurück 8 km): Von Violau westlich den Wegweisern folgend zu den ensemblegeschützten, spätmittelalterlichen Rodungsdörfern mit nahezu originalem Ortsbild. In* **Baiershofen** *sind die 21 gleich großen Anwesen mit Gewannstreifenflur beiderseits der geraden Ortsstraße mit Anger besonders gut erhalten und auch erkennbar. Kunsthistorisch einmalig: der umfangreiche Freskenzyklus des berühmten Barockbaumeisters Dominikus Zimmermann in der kleinen Pfarrkirche.*

Von Violau aus weiter auf der Nebenstraße nach Unter-schöneberg (Wegweiser). Von der Anhöhe aus haben wir einen schönen Rückblick auf das Ensemble von Violau und einen umfassenden Ausblick in das mittlere Zusamtal. In **Unterschöneberg** mit kurzem Anstieg durch das Neubaugebiet hoch zur *Dorfstraße,* nach 50 m rechts (= südlich) ab in einen unbefestigten Feldweg und parallel zum kleinen Heimenbach Richtung Wollbach. Erst über den Bach, und dann treffen wir auf die Wegweisung des Zusamtal-Radweges, die uns nach Wollbach leitet.

Das typisch schwäbische Bauerndorf **Wollbach** ⓫ mit Barockkirche (1763) von J. Meitinger hat die überregional bedeutende Brotfabrik in ganz Süddeutschland bekannt gemacht. Und verschiedene Landwirte vermarkten ihre Bioprodukte selbst.

31 km

Bei der Brotfabrik rechts in die *Ortsstraße,* 400 m weiter beim „Lipp-Bauer" und bei der Dorfkirche nach links, Richtung Zusmarshausen. Ein straßenbegleitender Radweg führt uns unter der Autobahn A 8 hindurch dorthin.

Informationen zum restlichen Streckenverlauf siehe Tour 2, wir fahren nach:

Zusmarshausen ⓬,   *33 km*

Bieselbach ⓭ mit der Dorfkapelle,   *37 km*

Horgau ⓮, geradeaus über die B 10, durch   *39 km*

Horgauergreut ⓯, zum   *40 km*

ehemaligen Bahnhof Horgau ⓰ und auf dem Landrat-Dr.-Frey-Radweg über   *41 km*

Aystetten ⓱ zurück nach   *50 km*

Neusäß ⓲.   *55 km*

Bayerisch-schwäbische Barockperlen im nördlichen Schmuttertal

Im Alpenvorland, von Augsburg und Wessobrunn ausgehend, erlebte der süddeutsche Barock seinen Ursprung und seine Blüte. Aufgereiht wie auf einer Perlenkette finden sich prächtige Beispiele bayerisch-schwäbischer Barockkultur auf unserer Tour in den nördlichen Teil des Naturparks Augsburg – Westliche Wälder: Hirblingen, Gablingen, Biberbach, Herbertshofen, Kloster Holzen und Thierhaupten. Nicht nur die Architektur strahlt barock, auch die Alltagskultur. Nicht umsonst verläuft hier die „Romantische Straße" für Radler weitgehend routengleich im weiten, sonnigen Lech- und Schmuttertal.

Start und Ziel:	*Neusäß*
Streckenlänge:	*61 km*
Charakter:	*Leicht, ohne größere Steigungen, etwas Ausdauer erforderlich, streckenweise befestigte Waldwege.*
Wegweisung:	*Stets markiert mit nebenstehendem Symbol.*
Varianten:	*Viele Abkürzungen und Varianten möglich.*
Verkehrsverbindungen:	*Augsburg – Donauwörth mit Regionalzügen der Deutschen Bahn (in der Regel stündlich, teils dichtere Folge, Kursbuch 982, R4 des AVV), Halt in: Gersthofen, Herbertshofen, Meitingen, Nordendorf, Mertingen, Donauwörth.*
Beste Zeit:	*Taglilienfeld bei Herbertshofen nur Anfang Juni!*
Radservice:	*Augsburg, Neusäß, Gablingen, Langweid, Meitingen, Gersthofen (siehe Gelbe Seiten im Telefonbuch).*
Einkehrmöglichkeiten:	*In nahezu allen Orten.*

Die Tour auf einen Blick

Nr.	km	Beschreibung
1	0	Startpunkt: **Neusäß**, Volksfestplatz an der *Georg-Odemer-Straße*, wie bei den Touren 2 und 3 auf dem **Landrat-Dr.-Frey-Radweg** nach
2	2	**Hammel:** Über die *Schmutterbrücke*, dann rechts die *Mühlbach-straße*, nach 150 m vorsichtig über die *Hammeler Straße*, gerade-aus weiter, am Schloß vorbei, durch ein Wochenend-Siedlungs-gebiet, am Fuß des Hammelberges entlang in die Talwiesen des Schmuttertales (Naturpark-Wegweiser und -Markierungen).
3	5	In **Batzenhofen** mit der Barockkirche erst auf straßenbegleiten-dem Radweg östlich Richtung Augsburg, nach 500 m in einer Rechtskurve bei den Sportanlagen links ab und auf Feldwegen im Schmuttertal nördlich weiter nach
4	9	**Gablingen** mit ebenfalls schöner Barockkirche.
5	15	**Eisenbrechtshofen:** über die Schmutterbrücke links ab, durch das Dorf und auf dem straßenbegleitenden Radweg nach
6	16	**Biberbach** mit der barocken Wallfahrtskirche. Auf ausgeschilder-ten und markierten („Romantische Straße") Nebenstraßen weiter nach
7	19	**Markt** mit seiner Burg,
8	23	**Kühlenthal,**
9	25	**Blankenburg** und
10	27	**Kloster Holzen** mit der prächtigen Barockkirche. Naturpark-Wegweisern und -Markierungen folgend auf Nebenstraßen nach
11	28	**Ehingen,**
12	33	**Langenreichen,**
13	39	**Rieblingen.** Naturpark-Wegweisern und -Markierungen folgend auf Wald-wegen nach
14	44	**Feigenhofen** und
15	47	**Muttershofen.** Auf Nebenstraßen weiter nach
16	49	**Lützelburg** und
17	52	**Gablingen.** Auf dem straßenparallelen Radweg Richtung Gersthofen (Weg-weiser) und nach der Schmutterbrücke rechts ab, auf der gleichen Route wie bei der Hinfahrt nach
18	56	**Batzenhofen,**
19	59	**Hammel** und
20	61	**Neusäß.**

Wie bei den Touren 2 und 3 Start in **Neusäß ❶** am Volksfest-platz an der *Georg-Odemer-Straße* und auf dem **Landrat-Dr.-Frey-Radweg,** der aufgelassenen Weldenbahn-Trasse, über die hölzerne *Schmutterbrücke,* danach rechts in die *Mühlbachstraße* und nach 150 m vorsichtig über die *Hammeler Straße* nach

2 km **Hammel ❷**. Der Ort am Fuß des Hammelberges gilt dank seiner neolithischen Geländespuren und Bodenfunde auf dem dominieren-den Bergsporn als einer der ältesten Siedlungsplätze des Alpen-vorlandes. Spuren eines Burgstalls (11. Jh.) bestätigen die lange Kon-tinuität dieser Befestigungsanlage über dem Schmuttertal. Im Orts-zentrum steht das Schloß der Familie von Stetten (privat), erbaut 1550, im 17. und 19. Jahrhundert umgebaut und erweitert. Der Hausherr hat sich als „Töpferbaron" in Künstlerkreisen einen Namen gemacht.

Nun geradeaus weiter, den Naturpark-Wegweisern folgend, am Schloß vorbei, durch ein Wochenend-Siedlungsgebiet in die Talwiesen des Schmuttertales. Bevor wir die A 8 beim Rasthof Edenbergen unterqueren, bieten bei der *Gailenbacher Mühle* (Brücke) die gemächliche, stark mäandrierende Schmutter, die Tal-wiesen und das Dorf Täfertingen schöne Bildmotive.

Variante 1: Zur barocken **„Mozartkirche"** *St. Blasius in* **Hirblingen** *(3 km): Dazu bei der erwähnten Mühle östlich und auf der Straße von Täfertingen, die A 8 überquerend, nach Hirblingen. An dessen nörd-lichem Ortsende treffen wir beim Sportgelände wieder auf die Original-route.*

In Hirblingen schuf der **Barockbaumeister Hans Georg Mozart** *(1647–1719), seines Zeichens Werkmeister des Augsburger Domkapitels und Uronkel von Wolfgang Amadeus, 1713 diese harmonische, barocke Dorfkirche. Näheres zum Baumeister und zu den Mozarts bei der Tour 9 in den „Schwäbischen Mozartwinkel". Doch auch die Innenausstattung lohnt den Abstecher. Der Augsburger Akademiedirektor Johann Joseph Anton Huber hat 1791 die Fresken und Wandmalereien gestaltet, mit Bezug auf Maria Himmelfahrt, den 15. August.*

Barocke Zwiebeltürme – „Leuchttürme", auch für Radler: Wie kaum ein anderes architektonisches Element prägen die barocken Zwiebeltürme die hiesige Landschaft. Man sagt, daß Hans Holl, Vater des berühmt gewordenen Augsburger Stadtbaumeisters Elias Holl, 1574 den ersten Zwiebelturm Deutschlands auf das Kloster von

Schwäbische Dorfidylle unter weiß-blauem, bayerischem Himmel: Oberschöneberg (Tour 3)

Barockperle: Kloster Holzen (Tour 4)

Ehemaliges Fuggerschloß Markt (Tour 4)

Barockperle: Kloster Thierhaupten (Tour 4)

Maria Stern hinter dem Augsburger Rathaus gestellt habe. Tatsächlich liegt der Ursprung dieser Form im Nahen Osten, wo die orientierungslose Weite der Steppe schon früh Lösungen verlangte. Türme als „Landmarken" an Schlüsselstellen von Verkehrsrouten gesetzt, lenkten den Blick der Reisenden auf sich. Die christlich-byzantinische Kirche hat diese Funktion aufgegriffen und aus ihr die symbolische Form einer brennenden Kerze gemacht, wie wir sie heute noch bei vielen orthodoxen Kirchen finden. „Ich leuchte dir deinen Weg zu mir" ist der theologische Hintergrund. Über Venedig und Oberitalien dürfte diese Bauform über die Alpen hinweg besonders mit der Gegenreformation bei uns Einzug gehalten haben. Mit einer schlichten Küchenzwiebel hat ein barocker Zwiebelturm also nichts zu tun. Aber mit der Verknüpfung orientalischer Lebensbedürfnisse und deren Übernahme zwecks Ausformung einer neuen bayerisch-schwäbischen Kulissenlandschaft für ein erneuertes, seit dem Barock bis heute in der Volksfrömmigkeit lebendiges Christentum.

Die schöne Barockkirche St. Martin in **Batzenhofen** ❸ stammt von *5 km* Joseph Meitinger (1737). An der Innenausstattung mit Fresken, Figuren und dem Hochaltarbild zum Leben des hl. Martin haben mitgewirkt J. G. Kuen, Stephan Luidl und der Augsburger Akademiedirektor Johann Georg Bergmüller. Das Schloß in Batzenhofen war früher Sommersitz des Augsburger Damenstifts St. Stephan und dient heute umgebaut als Altersheim.

Miteinander: Angesichts solch imposanter Architektur und kostbarer Innenausstattung inmitten eines kleinen Dorfes fragt man natürlich nach den Kosten. Die Bauern? Sie mußten bis zur Gewinnung ihrer Selbständigkeit mit ihrem Wenigen an Feld, ihren paar Haustieren, den hohen Naturalabgaben und dem bescheidenen Nebeneinkommen durch Korbflechten und Spinnen und Weben, dafür aber meist einer Schar Kinder sehen, wie sie überlebten. Was sie hatten, war eine Vielzahl von Händen. Angeleitet, eingespannt und organisiert von wohlausgebildeten, tüchtigen und kreativen Baumeistern und Kunsthandwerkern aus Augsburg und Tirol ergab sich in Verbindung mit dem oft unreflektierten Zeitgeist, dem Repräsentationswillen, eifersüchtigem Geltungsstreben und der, modern ausgedrückt, kräftigen Anschubfinanzierung durch die Ortsherrschaft – zumeist das fürstbischöfliche augsburgische Hochstift, Adelige, Klöster und reiche Bürgerfamilien aus Augsburg – ein ungeheuer wirkungsvolles Schaffenspotential. Nur so ist zu verstehen, daß auch in kleinsten Dörfern für den Tag des Herrn, die Sonn- und vielen Feiertage, quasi Theaterbühnen errichtet wurden, auf denen die katholische Liturgie regelrecht inszeniert und zelebriert werden konnte. Jeder Altar ist ein Kulissenbild, jeder Altarraum eine Bühne für das spielerische Nachgestalten vorbildlichen Wirkens der Orts-heiligen. Diese Idee des barocken Kirchentheaters lebt bis heute in jeder Kirchengemeinde fort. Das ganze Dorf ist auf den Beinen, um in der Pfarrkirche, der „guten Stube" aller gemeinsam die religiösen Feste zu feiern, die den Jahreslauf bis heute prägen und das Brauch-tum bestimmen. Mit der musikalischen und geselligen Umrahmung und allem dazugehörigen Hickhack. Aber „wo Menschen sind, da menschelt's halt", hat mal ein Pfarrer gemeint, als er von der Kanzel auf seine Hammel, Schafe, Lämmer und Lämmchen hinabgeschaut hat…

Von **Batzenhofen** auf dem straßenbegleitenden Radweg östlich Richtung Augsburg (Wegweiser), über die Schmutter und nach 500 m in einer Rechtskurve bei den Sportanlagen, den Naturparkwegweisern folgend, links ab. Am östlichen Schmuttertal-rand führt nun ein guter *Wirtschaftsweg,* teils befestigt, teils nicht, stets mit landschaftlich reizvollen Blicken auf die Schmuttertalwiesen und die schmucken Dörfer mit ihren Barockkirchen weiter bis **Eisen-brechtshofen.** Wer die Kirchen besuchen will, braucht nur die wenigen Meter über die jeweilige Schmutterbrücke hinüber- und wieder zurückzuradeln.

9 km

Die eindrucksvoll gelegene und gestaltete Kirche St. Martin in **Gablingen** ❹ zählt zu den Hauptwerken von Joseph Schmuzer aus Wessobrunn (1734). Innen finden sich prachtvolle Altäre, unter anderem von J. K. Rist (1735), und bildhaft-anschauliche Fresken, bei-spielsweise von J. G. Lederer. Kunstsinn, Repräsentationswille und besonders Finanzkraft der Fugger als Ortsherrschaft (ehem. Schloß 1527–1889) fanden hier ihren Ausdruck. – Im Ort bieten mehrere selbstvermarktende Landwirte qualitativ Überdurchschnittliches an.

Über die Schmutter, ihren Lauf und ihre Lage findet sich Näheres bei Tour 2 auf S. 30.

*Variante 2: Zum **Taglilienfeld** in den Lechauen und zurück über **Herbertshofen** (15 km); von der Kreuzung bei Achsheim auf der Straße über **Langweid a. Lech** geradeaus weiter, Richtung Rehling und über die Lechbrücke. Danach an der Kreuzung rechts, erreichen wir nach 250 m bei einer Gärtnerei die Einfahrt zum NSG „Taglilienfeld" (Räder ab-stellen). Eine „Naturfreunde"-Gruppe (auf Wunsch Gruppenführung) betreut dieses einmalige Naturschutzgebiet inmitten einer typischen, lichten Lechauenlandschaft. Hier blühen viele geschützte Pflanzenarten, deren eigentliche Heimat vor allem die Alpen sind und die durch den Lech hierher verfrachtet wurden. Der Lech diente als „Pflanzenbrücke",*

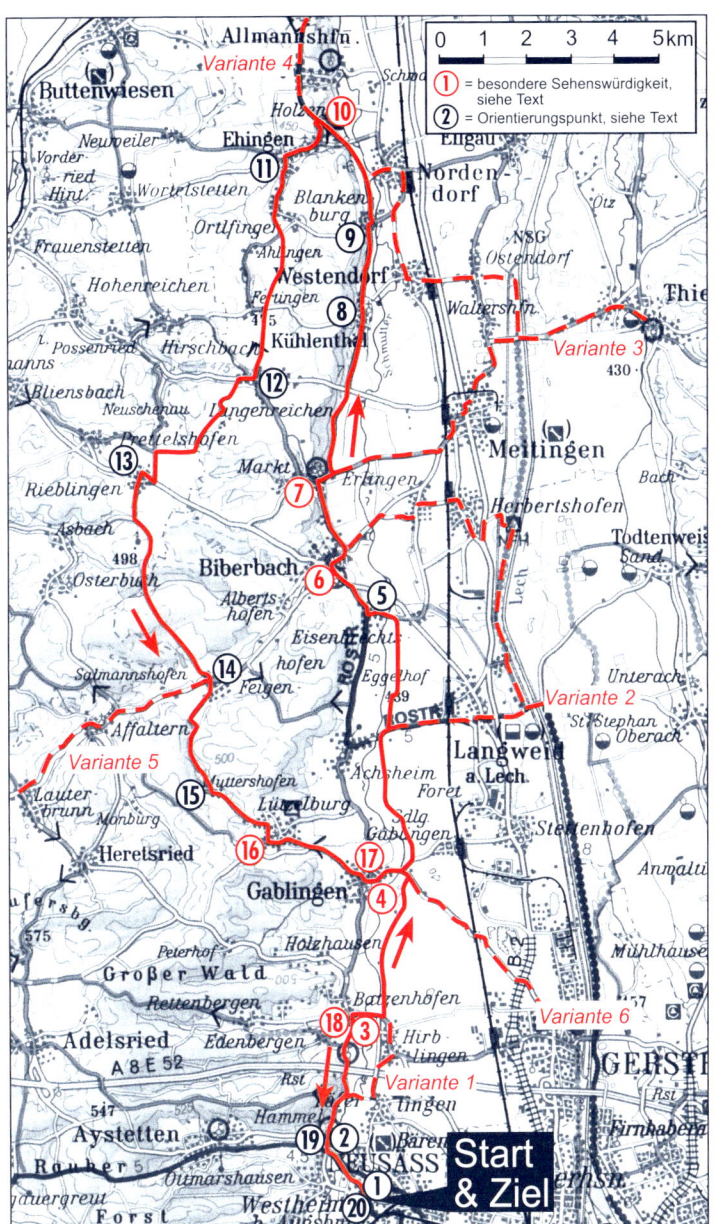

wie es die Botaniker formulieren. Attraktivste Blume ist die Taglilie, die in der Regel Anfang Juni zu Tausenden die Auen förmlich gelb einfärbt. Bitte bleiben Sie auf den gekennzeichneten Trittspuren und lassen Sie alle Pflanzen stehen!

*Zurück zur Langweider Lechbrücke und rechts, nach Norden, zwischen Lech und Lechkanal auf dem unbefestigten Wirtschaftsweg durch das LSG „Lechauen" am Naturfreundehaus Vinzenz-Behr-Hütte (am Wochenende geöffnet, Einkehrmöglichkeit) bis **Herbertshofen** mit seiner barocken Pfarrkirche St. Clemens von Johann Adam Dossenberger und mit Fresken von Johann Baptist Enderle. Auf Straßen mit abschnittsweise begleitenden Radwegen über Erlingen weiter nach Biberbach, zurück zur Originalroute.*

Die Dossenbergers: Als die „schwäbischen Meister" der Rokoko-Kunst könnte man sie bezeichnen, die alle aus dem kleinen Dorf Wollishausen stammen (siehe Tour 9) und in der zweiten Hälfte des 18. Jahrhunderts im Schwäbischen ein Rokoko-Juwel nach dem anderen gestalteten: so der Vater aller folgenden, Joseph Dossenberger d. Ä. (um 1680 bis 1754), die Pfarrkirche von Reinhartshausen im Rauhen Forst (siehe Tour 8); Johann Adam Dossenbergers (1716–1759) Hauptwerke sind Herbertshofen und St. Thekla in Welden (siehe Tour 3). Sein Bruder Joseph Dossenberger d. J. (1721–1785) war Stiftsbaumeister in Wettenhausen, Hofbaumeister des Fürsten von Thurn und Taxis, arbeitete viel für die vorderösterreichische Markgrafschaft Burgau und gilt als Schüler von Dominikus Zimmermann. Gemeinsam bauten die Brüder die wunderschön bunte Pfarrkiche in ihrem Heimatort Wollishausen (siehe Tour 9). Und Matthäus Dossenberger, der dritte Bruder, tat sich als Bildhauer hervor.

*Weitere Variante: über die **Sander Badeseen nach Schloß Scherneck** (11 km) und über Mühlhausen zurück nach Augsburg (vgl. Tour 5 und ADFC-Regionalkarte Augsburg Tour Nr. 4).*

15 km In **Eisenbrechtshofen ❺** endet der Schmuttertal-Radweg. Über die Schmutterbrücke links, bei den letzten Häusern durch das Dorf und geradeaus auf dem straßenbegleitenden Radweg hinüber zum schon von weitem sichtbaren barocken Kirchturm der Wallfahrtskirche Biberbach.

16 km **„'s Herrgöttle von Biberbach" ❻**: Eine Kreuzauffindung lieferte den Ursprung der Legende und damit der Wallfahrt nach Biberbach zur Kirche von St. Jakobus d. Ä. und Laurentius, einer der vier Regionalwallfahrten im Raum Augsburg, die von der Herrschaft der

Fugger entschieden gefördert wurden. Diese ist immer noch sehr lebendig und feierte 1997 ihr 300jähriges Jubiläum. Wolfgang Amadeus Mozart trat hier übrigens zu einem Orgelwettstreit, dessen Ausgang nicht überliefert ist, gegen einen einheimischen Jugendlichen an und erfüllte den barocken Kirchenraum mit stimmungsvollem Klang.

Der großartige Kirchenbau wurde 1694 durch den Vorarlberger Baumeister Valerian Brenner auf den knapp 30 m hohen Terrassensporn über dem Schmuttertal gesetzt und mit herrlichen Fresken von Franz Xaver Feichtmayer d. Ä., Fresken von Balthasar Riepp (1753) und vielen weiteren wahren Kunstwerken ausgestaltet. Auf der Empore thront das Gnadenbild, ein riesiges Holzkruzifix (ca. 1220), der Anlaß zur Wallfahrt. Die Entwürfe der Seitenaltäre stammen gar von Dominikus Zimmermann. Am Rang und Namen der um 1750 führenden Handwerker und Künstler werden einmal mehr Geschick und Weitsicht des Hauses Fugger mit seinen Investitionen deutlich.

Die **Biber:** „Hoi", staunt der Schwabe, „von dem kleinen Bach hat eine ganze Eiszeit ihren Namen?" Richtig! Vom 575 m hohen Staufenberg im Westen, wo die älteste Eiszeit im Alpenvorland, die Biber-Eiszeit, ihre Spuren in Form von Deckenschottern hinterlassen hat, kommt der Biberbach und fließt durch den gleichnamigen Ort. – Die (anderen) Biber als Bewohner der voralpinen Bäche gibt es neuerdings auch wieder in dieser Gegend.

Die von weitem sichtbare, neu restaurierte Burg von **Markt** ❼ steht *19 km* in prächtiger Aussichtslage an der Kante der „Zusamplatte" hoch über dem Schmutter- und Lechtal. Einst Besitz der Fugger (ab 1514), ist die gesamte Anlage mit schöner barocker Schloßkapelle (1738) heute in Privatbesitz.

*Variante 3: **Barockes Thierhaupten** (zusätzlich 15 km); von der Ortschaft Markt auf wenig befahrener Straße oder 1,5 km weiter von der Langenreicher Mühle auf einem straßenbegleitenden Radweg östlich hinüber nach Meitingen (bis 1848 barockes Schloß der Augsburger Bürgerfamilie von Schnurbein, erbaut 1773, heute Altersheim). Dort über die B 2 (Ampel) straßenparallel auf dem Radweg die restlichen 5 km nach...*

Thierhaupten: *Zusammen mit Wessobrunn und Benediktbeuern ist Thierhaupten eines der frühesten bayerischen Ur-Klöster. Um 770 von Bayernherzog Tassilo III. gestiftet, beherbergt die gewaltige Anlage, an der noch restauriert wird, das Boden-Denkmalpflegeamt des Landesamtes für Denkmalpflege, das Bayerische Bauarchiv und die Schule für Dorf- und Landesentwicklung als Fortbildungsstätte für Handwerker und*

Baufachleute. Die barocke **Klosterkirche St. Peter und Paul** bauten und gestalteten in erster Linie Johann Jakob Herkommer aus Füssen (1776), Franz Xaver Feichtmayer d. J. (Stuckkanzel) und F. J. Maucher (1764, Langhausfresko).

Die äußerst lohnenden **Trachten- und Heimatstuben** wurden in einem original erhaltenen Bauernhaus (19. Jh.) untergebracht (Herzog-Tassilo-Straße 34, März–Nov. jeden 2. So. im Monat 13–15 Uhr, Tel. 0 82 71 / 33 98).

Das umfangreiche **Klostermühlenmuseum** wurde 1997 in der ehemaligen Reitermühle (16. Jh.) an der Friedberger Ach eröffnet (1. Mai bis Mitte Okt. Di. u. Do. 9–12, Mi., Fr., So. u. Feiertage 14–17 Uhr u. n. Vereinb., Tel. 0 82 71 / 17 69, Fax 81 67 - 77).

„Den Süden vor sich" hat, wer bei der Schule das Rad stehen läßt und zu Fuß auf den **Kreuzberg** (473 m) steigt oder von Norden her hinauffährt: eine weite Aussicht über das untere Lechtal, dazu Alpenblick bei klarem Wetter.

„**Kompaßdörfer**": Zur Originalroute zurück empfiehlt es sich, von der Lechbrücke am westlichen Ufer ausgeschildert über **Ostendorf** und **Westendorf** nach **Nordendorf** und Kloster Holzen zu radeln – „Südendorf" indes gibt es hier nirgendwo.

Die „**Romantische Straße" für Radler** – das Gegenstück zur meistbefahrenen Auto-Touristik-Route in Deutschland – führt ebenso von Würzburg über Rothenburg, Dinkelsbühl, Nördlingen, Donauwörth, Augsburg, Landsberg, Schongau nach Füssen. Von Langweid an nimmt unsere Tour dieselbe Route wie die Romantische Straße – und auch die eigens markierte „Sieben-Schwaben-Tour" des Naturparkvereins Augsburg – Westliche Wälder (Informationen dazu bei der Tourist-Information und der Geschäftsstelle des Naturparkvereins in Augsburg).

Nacheinander folgen:

23 km **Kühlenthal ❽** und

25 km **Blankenburg ❾** bis

27 km **Kloster Holzen ❿**, ein barocker Höhepunkt hoch über dem nördlichen Schmutter- und Lechtal. Die Idee des Barock, „Lichtpunkt für die weite Welt zu sein, die den Menschen aus den Niederungen des Alltags herausreißt und ihm als stetem Erdenpilger mit seinem glanzvoll stuckierten, hellen Innenraum symbolhaft das paradiesische Jerusalem als Wegziel vorstellt", wird hier klar sicht- und spürbar

(nach M. Hartig). Die Kirche St. Johannes d. T. wurde 1704 erbaut von Franz II. Beer, mit üppigem Stuck „Wessobrunner Art" von Benedikt Vogel, wuchtigen, bühnen- oder kulissenartigen Altären und vielen weiteren, künstlerisch wertvollen barocken Ausstattungsdetails versehen. Das Kloster (gegr. 1150) dient heute als Altersheim und Behindertenanstalt der St.-Josephs-Kongregation Ursberg und bietet auch Einkehrmöglichkeit mit Terrasse.

Glück, Glanz und Gloria – der Beginn des Barock: Als nach der Reformation (1518, 1530, 1555) strenger protestantischer Geist Augsburg, die damals bedeutendste Stadt Deutschlands, zu prägen begann, wich der Augsburger Bischof zwar ins Dillinger Exil aus. Doch nach dem Konzil von Trient (ab 1564) holte er Jesuiten, so den Domprediger Petrus Canisius, und italienische Künstler in die Augsburger Diözese, um dem neuen Geist der Gegenreformation Ausdruck zu verleihen. Augsburg gab die kirchlichen Impulse, Wessobrunn wurde zum Ausbildungszentrum der Kunsthandwerker in der Diözese Augsburg, gesponsert von der bischöflichen Finanzkammer. Die kirchliche Erneuerung war auch eine gewaltige Wirtschaftsförderungsmaßnahme nach den fürchterlichen Zerstörungen des Dreißigjährigen Krieges im süddeutschen Raum. Die Idee griff: des Volkes Sehnsüchte nach Glück, Glanz und Gloria mit der jungen, frischen und frohen Aufbruchstimmung der katholischen Kirche zu paaren und ihr in Kirchen, Klöstern, Festen und Feiern Ausdruck zu verleihen – eine Idee mit Langzeitwirkung.

Variante 4: Durch **Druisheim** *und an* **„Summuntorum"** *vorbei bis* **Donauwörth** *(15 km, vgl. Tour Nr. 11 der ADFC-Regionalkarte): Zur Gestaltung des kleinen dörflichen „Barocktempels" St. Vitus in* **Druisheim** *trugen bekannteste Barockkünstler bei: Matthäus Günther (1743) bei den Fresken, Johann Michael Fischer bei Kruzifix und Schmerzhafter Muttergottes (1780/85), beim Kreuzweg Johann Baptist Enderle, den Feichtmayers wird der Stuck zugesprochen, und von Johann Georg Bschorer stammen die Bildhauerarbeiten und phantasievollen Seitenaltäre (1759).*

Abstecher zur **Via Claudia:** *Der Feldweg „An der Krepp" führt von Druisheim östlich zu einem 2,7 km langen, baumbestandenen Damm. Ein nachgebildeter römischer Meilenstein und eine Informationstafel dokumentieren hier das nördlichste Ende der römischen Via Claudia (siehe Tour 7), jener kulturhistorisch bedeutsamen Fernverkehrsstraße, die „Summuntorum" über „Augusta Vindelicum" oder „Vindelicorum", das heutige Augsburg, mit dem bedeutenden Adriahafen „Altinum", dem Vorgängerort von Venedig, verband.*

Von dem wichtigen Römerkastell **Summuntorum** unweit des Weilers Burghöfe ist oberirdisch nichts mehr erhalten. Es lag auf dem letzten Sporn der Hochfläche ins Lechtal, einem idealen Kontrollplatz über der Kreuzung der Via Claudia mit der südlichen Donautalstraße. Ausgrabungen nach 1970 bestätigten die Lage, förderten aber nur unbedeutende Bodenfunde zutage. Unser separater Radweg nach Mertingen tangiert die ehemalige westliche Begrenzung des Kastells.

Mertingen – ist die noch ungekürte „Joghurt-Hauptstadt Deutschlands", dank einem bodenständigen, innovativen Molkerei-Großunternehmen im Ort. Anziehend auch die Hunderennbahn am südlichen Ortsrand unweit unserer Route (Plakate und Veranstaltungskalender beachten).

An der Pfarrkirche vorbei auf der Straße über Auchsesheim nach...

Donauwörth, dem traditionsreichen Brückenort an der Mündung der Wörnitz in die Donau. Nehmen Sie sich Zeit für: die **Reichsstraße** mit nach dem Krieg wiederaufgebauten Häusern wie dem **Rathaus** (Glockenspiel 11 und 16 Uhr, von der Treppe Blick über die Reichsstraße), dem ehemaligen **Tanzhaus** (heute vor- und frühgeschichtliches Museum, Sa., So. u. Feiertage 14–17 Uhr), dem ehemaligen **Fuggerhaus** am oberen Straßenende (heute Landratsamt). In der gotischen **Pfarrkirche „Zu unserer lieben Frau"** erklingt die „Pummerin", die größte Glocke Schwabens.

Das **Deutschordenshaus** in der Kapellstraße verweist auf eine der ältesten Niederlassungen (1214) des 1197 gegründeten Deutschen Ordens und birgt den „Enderle-Saal" und die „Werner-Egk-Begegnungsstätte" (Mi., Sa., So. u. Feiertage 14–17 Uhr). Der Barockmaler Johann Baptist Enderle (vgl. Herbertshofen, S. 58) stammt ebenso aus Donauwörth wie der weltberühmte Komponist (1901–1983).

Die Gründung des **Klosters Heilig Kreuz** hängt mit der Stiftung einer Wallfahrt (ab 1030) zu einer Kreuzreliquie zusammen, die als Teil des Helena-Kreuzes aus dem byzantinischen Reichsschatz gilt. 1720 wurde die Kirche barockisiert, von Josef Schmuzer aus Wessobrunn umgebaut und zusammen mit seinem Bruder ausgestaltet, die Malerei stammt von Johann Stauder aus Konstanz. Besonders sehenswert ist der „Kaisersaal" im Kloster mit einem Deckenfresko des einheimischen Johann Baptist Enderle.

Das **Käthe-Kruse-Puppenmuseum** zeigt in zahlreichen Szenenbildern über 130 Spiel- und Schaufensterpuppen aus der Fertigung der Künstlerin und des 1947 nach Donauwörth umgesiedelten Betriebs (April–Okt. Di.–So. 14–17 Uhr).

*Das **Haus der Stadtgeschichte** im Rieder Tor hat wie das Vorgeschichtsmuseum geöffnet.*

Einmal im Jahr zeigen mehr als 1.000 Kinder in einem großen Festzug Anfang Juli Szenen aus der Stadtgeschichte im Rahmen des „Schwäbischwerder Kindertags". Und Ende Juli ist „Reichsstraßenfest".

Nach Augsburg zurück entweder über dieselbe Route wie beschrieben oder von **Donauwörth** oder **Meitingen** mit der Regionalbahn des Augsburger Verkehrsverbundes (AVV) oder von **Kloster Holzen** aus auf einer vom Naturparkverein bestens ausgeschilderten und markierten Radroute. Kreisstraßen und wenig befahrene, meist befestigte Ortsverbindungswege führen nach

Ehingen ⓫,	*28 km*
Langenreichen ⓬ und	*33 km*
Rieblingen ⓭.	*39 km*

Lange, fast ebene, stille Etappen durch den **„Schwäbischen Holzwinkel"** erinnern uns daran: Ludwig Ganghofers Vater war in einer der waldreichsten Gegenden Bayerisch-Schwabens Revierförster. Die weiten Wälder liefern heute wie damals Holz für Bauzwecke und die Papierindustrie – und bieten ideale Voraussetzungen zur großstadtnahen Freizeitgestaltung und Erholung.

Radler können sich über die **„Zusamplatte"** freuen, denn die Wege führen in Nord-Süd-Richtung nahezu eben und nur mit unmerklich sanfter Steigung dahin. Ursache für die Entstehung dieser Landschaft vor den Alpen ist mittelbar die Eiszeit, daher auch der Name „Alpenvorland". Im Gegensatz zum geographisch klar definierten „Voralpenland", also jenen Gebieten, die direkt vom darüberlastenden Gletschereis geformt worden sind, hat das Alpenvorland seine Gestalt vor allem durch die Schmelzwasser der eiszeitlichen Ströme bekommen, insbesondere in den dazwischen auftretenden Warmzeiten. Unmengen von mitgeführten Flußschottern wurden in überaus breiten Urstromtälern ab- und auch umgelagert. Eine Ur-Iller war es hier, die flächenhaft mit ihren Schottern die darunterliegenden tertiären Molassesande des Voralpentrogs wie mit einer Platte abdeckte. Vermutlich während der zweitältesten Eiszeit vor rund 2 Mio. Jahren, der Donaueiszeit, entstand die Zusamplatte, benannt nach dem kleinen Flüßchen, das diese Platte erosiv durchschneidet. Der zumeist kalkhaltige Schotter wurde häufig durch Calcit wieder verbunden und verfestigt, so daß sich eine Art von „Naturbeton" als nahezu ebene Decke, plattengleich, auf die Landschaft legte. Landwirte haben dadurch schwierige Voraussetzungen,

Staunässe auf den „versiegelten" Böden ergeben geringe Boden-Ertragsmeßzahlen für Ackerbau. Da bleibt nur die Forstwirtschaft – wie seit langem. Vater Ganghofer unternahm erste Versuche einer ertragsorientierten Bewirtschaftung überwiegend mit Fichten, was ihm zu einer steilen bayerischen Beamtenkarriere andernorts verhalf. Im Zuge vernetzten, ökologischen Denkens in der modernen Waldbewirtschaftung werden die Fichtenplantagen aber wieder in naturnahe Mischwälder verwandelt.

44 km   Der Naturpark-Wegweisung folgend nach **Feigenhofen ⓮**.

Variante 5: Über Feigenhofen, Affaltern (Käserei), Lauterbrunn (ehemalige Köhlerei) nach Welden und auf dem Landrat-Dr.-Frey-Radweg nach Neusäß (vgl. Tour 3).

Auf der Hauptroute über die Kreisstraße Biberbach–Affaltern hinweg nach **Feigenhofen** und der Naturpark-Wegweisung folgend auf unbefestigtem Weg zuerst durch Felder und dann eine reizvolle Waldpartie nahezu eben nach

47 km   **Muttershofen ⓯**: Der idyllisch gelegene Weiler entstand aus einem mittelalterlichen Rodungsort, der sich bei einer längst aufgelassenen Klosteranlage entwickelte. Heute ist Muttershofen ein beliebtes Ausflugsziel dank dem Gersthofer Naturfreundehaus (am Wochenende geöffnet).

Auf der ruhigen Straße nun die letzte Steigung der Tour hinauf nach **Lützelburg** und wieder hinab nach **Gablingen,** wo wir die Anfahrtsroute erreichen.

49 km   **Lützelburg ⓰**: Die sehenswerte Kirche St. Georg wurde unter anderem vom berühmten Augsburger Stadtbaumeister Elias Holl erbaut (1612) und innen 1761 durch namhafte Künstler barockisiert. Im Ort gibt es ein sehr lebendiges Volkstheater-Leben (Aufführungstermine erfragen!).

52 km   Informationen zu **Gablingen ⓱** siehe oben.

*Variante 6, Abstecher nach **Gersthofen** (zusätzlich 4 km): Im Zentrum der Stadt ist schon von weitem der ehemalige Wasserturm zu erkennen, der das **Ballonmuseum Gersthofen** beherbergt. Es ist das einzige, sehr anschaulich gestaltete Spezialmuseum der Welt zur Geschichte der*

Aeronautik mit rund 1.000 Exponaten. Der Museumsstandort nimmt Bezug zum unweit gelegenen Startplatz des größten Gasballon-Vereins in Deutschlands an der historischen Via Claudia am nördlichen Ortsrand, Bahnhofstraße 10, Tel. 08 21/4 98 88 - 21 87, geöffnet Mi. 14–18, Sa., So. 10–18 Uhr.

Vom Zentrum Gersthofens aus empfiehlt es sich, durch die **Bauernstraße** östlich zum Lech zu radeln und nach der Lechbrücke rechts ab dem Lech entlang auf einem unbefestigten, aber gepflegten Weg nach **Augsburg** zurückzufahren.

Die Originalroute führt, wie oben beschrieben, von **Gablingen** auf dem straßenparallelen Radweg Richtung **Gersthofen** (Wegweiser) und nach der Schmutterbrücke rechts ab auf der gleichen Route wie bei der Hinfahrt nach

Batzenhofen ⓲,   56 km

Hammel ⓳ und   59 km

Neusäß ⓴.   61 km

Zur Wiege der bayerischen Wittelsbacher bei Aichach

Das ehemalige bayerische Herrschergeschlecht hatte nahe bei Aichach seinen Stammsitz. Die Rundtour ins „Alt-Bairische" begleiten zahlreiche kulturhistorische Zeugnisse ebenso wie Stationen bayerischer Gastlichkeit und Lebensfreude: Wir kommen von der alten Grenzfeste Friedberg ins hügelige „Wittelsbacher Land" zur Wallfahrtskirche Maria Birnbaum, zum Fuggerschloß Blumenthal und nach Oberwittelsbach mit spärlichen Burgresten. Im weit besser erhaltenen Schloß Unterwittelsbach verbrachte die spätere Habsburger Kaiserin Elisabeth („Sissi") glückliche Jugendtage. Mehr Informationen dazu vermittelt das Aichacher Wittelsbachermuseum, Vor- und Frühgeschichte der Gegend inklusive.

Start und Ziel:	Augsburg-Hochablaß
Streckenlänge:	79/81 km
Charakter:	Leicht bis mittelschwer, Ausdauer erforderlich, größtenteils befestigte Wege.
Wegweisung:	Abschnittsweise markiert mit nebenstehendem Symbol, Karte zur Orientierung empfehlenswert.
Varianten:	Mehrere Abkürzungen und Varianten möglich.
Verkehrsverbindungen:	Augsburg–Ingolstadt mit Regionalzügen der Deutschen Bahn (in der Regel stündlich, teils dichtere Folge, Kursbuch 983, R2 des AVV), Halt in: Augsburg-Hochzoll, Friedberg, Dasing, Obergriesbach, Aichach, Radersdorf.
Beste Zeit:	Spargelzeit Anfang Mai bis Mitte Juni.
Radservice:	Augsburg, Friedberg, Stätzling, Rinnenthal, Dasing, Zahling, Aichach (siehe Gelbe Seiten im Telefonbuch).
Einkehrmöglichkeiten:	Nahezu in jedem Ort.

Die Tour auf einen Blick

Nr.	km	Beschreibung
1	**0**	**Augsburg-Hochablaß** zum
2	**0,5**	**Kuhsee,** präzise: Auf bezeichnetem Radweg vom Kiosk im Osten des Hochablasses am Kuhsee zum „oberen Kiosk", dort links, östlich, in die *Schwabhofallee.* An ihrem Ende straßenparallel auf Radweg 50 m nördlich, über die Bahnbrücke und bei der Schwabhof-Ampel über die B 2. Weiter auf dem Radweg nach

3	**3**	**Friedberg-St. Afra im Felde.** Erst auf straßenbegleitendem Radweg (Markierung „Romantische Straße"), dann auf Nebenstraßen in die Altstadt von
4	**6**	**Friedberg:** von der am östlichen Stadtrand gelegenen Wallfahrtskirche Herrgottsruh aus nördlich, rechts in *Am Hopfengarten,* nach 400 m links die *Bozener Straße,* kurz vor der B 300 rechts (Wegweiser für Radler), durch die *Völser Straße* östlich zum Radweg Richtung Dasing.
5	**13**	**Dasing:** ein kurzes Stück auf der vielbefahrenen B 300, Vorsicht! Auf straßenbegleitendem Radweg über die A 8 und nach 100 m rechts nach
6	**17**	**Laimering** mit schönen Bauerngärten. Zuerst auf Radweg, dann auf Kreisstraße Richtung Sielenbach. Nach dem Waldende rechts ab, über **Schafhausen** nach
7	**23**	**Maria Birnbaum** und
8	**24**	**Sielenbach:** bei der Kirche links und auf Feldwegen immer rechts haltend, über den Hof *Andersbach* nach
9	**27**	**Blumenthal** mit dem Fuggerschen Schloß: durch das Osttor hinaus und auf einem Feldweg nach
10	**30**	**Klingen.** Im Ort rechts und auf Nebenstraßen über
11	**32**	**Untermauerbach** nach
12	**36**	**Oberwittelsbach.** Dort durch eine Seitenstraße 100 m nördlich zum Burgplatz (Wegweiser). Nur bei gutem Wetter am westlichen Ortsende rechts auf den Waldweg, sonst geradeaus auf dem Radweg Richtung Aichach und nach ca. 1,5 km rechts ab nach
13	**39**	**Unterwittelsbach** mit dem ehem. Wittelsbacher Schloß (Jugendheim). Auf dem straßenbegleitenden Radweg nach
14	**41**	**Aichach:** vom schönen Zentrum zum *Bahnhof,* durch die Fußgängerunterführung oder über die Bahnschranke, dem Wegweiser „Naturfreundehaus" folgend, durch den Stadtteil **Algertshausen** westlich zum
15	**44**	**Naturfreundehaus am Grubet,** dort Abstecher (evtl. zu Fuß) zu den ehem. Eisenerzgruben. Nun 1 km bergab zur Kreisstraße, diese rechts, nach
16	**46**	**Oberschneitbach** und ab *Hieslinger Weiher* auf Waldweg vorbei an **St. Georg** nach
17	**51**	**Igenhausen.** Dort links, erst auf der Straße, später separatem Radweg nach
18	**55**	**Haunswies** mit der Barockkirche. Im Ort über den Affinger Bach, gleich rechts ab und auf Feldweg westlich nach
19	**57**	**Affing.** Vorbei am Schloß auf die Kreisstraße nach
20	**59**	**Gebenhofen** und
21	**61**	**Anwalting.** Auf ausgeschilderten Radwegen weiter nach
22	**64**	**Mühlhausen:** entweder auf der *Augsburger/Mühlhauser Straße,* der Staatsstraße Ri. Augsburg-Ost (Autobahnausfahrt) oder über *Birkenweg* südlich auf Wirtschaftswegen östlich um den Flugplatz herum nach
23	**67/69**	**Autobahnsee** (Augsburg-Ost): Die Staatsstraße bei der Ampel nach rechts verlassen oder überqueren, westlich weiter auf den ehemaligen Müllberg zu, über die *Autobahnbrücke,* gleich rechts in die *Kaspar-Reiter-Straße* und weiter zum *Radweg* am Lech-Ostufer. Nun links, nach Süden, zurück bis zum
24	**79/81**	**Hochablaß** oder ins Zentrum von Augsburg.

Augsburg-Hochablaß ❶: Start an einer der eindrucksvollsten natürlichen Grenzen in ganz Deutschland, dem Lech. Herüben die Schwaben, drüben die Bayern. Sie merken's bald am Dialekt, an den Bauformen, an der Lebensweise und der Alltagstracht. Man ist anders. Sonderbarer Anlaß für zahlreiche Kriege – wie eine Erinnerungstafel in der Seitenwand der ehemaligen Floßgasse zeigt. Vordergründig ging es immer nur um das Lechwasser und die landwirtschaftlich nutzbaren Flächen des Lechfeldes. Juristisch war erst 1972 (!) Kriegsende, als die Wassernutzung im Zusammenhang mit dem Neubau der Olympischen Kanuslalomanlage, die hier beginnt, zwischen Bayern und Augsburg geregelt wurde. Eigentlich sollte der Hochablaß nur das Lechwasser stauen und 40 Kubikmeter pro Sekunde davon über die Lechkanäle zur Energiegewinnung und zum Flößen in die Stadt Augsburg leiten.

 Auf dem ausgeschilderten Radweg, vom Kiosk im Osten des *Hochablasses* beginnend, durch die gestaltete Parklandschaft am

0,5 km **Kuhsee ❷**: Er wurde 1970 aus Lech-Altwasserarmen gestaut und zu einem vielbesuchten Naherholungsgebiet mit Bademöglichkeit und Spielplätzen gestaltet.

Vom Kuhsee am „oberen Kiosk" nach links in die geschützte *Schwabhofallee*. An ihrem östlichen Ende parallel zur Straße auf dem Radweg 50 m nördlich und über die Bahnbrücke, dann bei der Schwabhof-Ampel über die B 2 und auf dem Radweg direkt nach Osten auf die von weitem sichtbare Kirche zu.

3 km **Friedberg – St. Afra im Felde ❸**: Die Kirche steht inmitten einer ehemaligen keltischen Viereckschanze, deren Wallspuren im Acker nördlich der Kirche zu erkennen sind. Der Sage nach wurde hier im Jahr 304 die Christin Afra durch Verbrennen von den Römern hingerichtet. Ihr Leib sollte jedoch unversehrt bleiben. Dieses Heiligenwunder lieferte den Ursprung der ältesten heute noch vollzogenen Wallfahrt in Deutschland, 565 erstmals erwähnt, findet sie am 7. August statt, dem Namenstag. Zudem ist Afra die erste heiliggesprochene Frau im Christentum. Die heutige Kirche stammt vom Wessobrunner Baumeister Joseph Schmuzer (1709) und hält die Erinnerung an die fromme und standhafte Afra wach.

Das Lechfeld – ein wahrer Geschichtsschauplatz: Die Neubausiedlung von St. Afra hatte einen Vorläuferort, den im 16. Jahrhundert durch ein Lechhochwasser abgegangenen Weiler „Lechfelden". Hier fand die entscheidende Schlacht gegen die Ungarn im Jahr 955 statt

(vgl. Tour 3, Bei den 7 Wegen). Und wenn wir schon beim Ge-
schichtenerzählen sind: Südwestlich von St. Afra gab es einst zwei
römische Heerlager, zuvor aber mehr als 100 hallstattzeitliche Hügel-
gräber. Eines davon, wahrscheinlich das größte, war der Gunzenlee,
auch durch Lechhochwasser abgegangen. Auf dem Lechfeld begann
die römische Straße über Weilheim–Garmisch–Zirl–Brenner–Bozen
nach Italien und in den Orient, hier versammelten sich die deutschen
Kreuzfahrer vor ihrem Abmarsch nach Venedig, und die deutschen
Heere warteten in Feldlagern auf den Kaiser, um ihn nach Rom zu
eskortieren. – Heute weist nicht einmal eine Infotafel auf Krönun-
gen, Würdigungen, Gerichtsverhandlungen und das frühere Lager-
Szenario hin.

Unser nächstes Ziel, **Friedberg**, lenkt mit seinen Türmen,
Stadtmauern und Häusern schon längst den Blick auf sich.
Anfangs weiter auf dem Radweg an der Straße, nach ca. 500 m (Be-
schilderung „Romantische Straße") erst östlich ab auf einen befestigten Feldweg, dann nördlich: zur Lechleite, die eine schöne
Aussicht, wie bei einem Merian-Stich, auf das Lechtal mit Augsburg
bietet. Über *Hagelmühlweg, Bierweg* und *Stephanstraße* zur Ampel an
der *Münchener Straße.* Hier geradeaus weiter Richtung **Altstadt**
und zur Wallfahrtskirche **Herrgottsruh** (Wegweiser).

Ludwig II. der Strenge – nicht der „Märchenkönig" – gründete als
Vormund für Konradin, den letzten Staufer, **Friedberg** ❹, im Jahre
1264. Der Name ist Programm: eine befriedete Bergfestung zur
Kontrolle über eine herzogliche Zollstelle, Hochablaß und Lechtal.
Der Frieden währte jedoch nie lange. Zu leicht entzündete sich der
Streit um den Lech – verlockend, den Verlauf mit Dämmen und
Gräben zu ändern –, um die Gebietsgrenzen zwischen der freien
Reichsstadt Augsburg und der Wittelsbacher Herrschaft Bayerns (vgl.
Gedenktafel am Hochablaß). Keine Stammesgrenze in Deutschland
ist nachhaltiger ausgeprägt als die zwischen den Schwaben und
Bayern am Lech, bis hinein in die Familien. Bis heute – trotz der
Brückenschläge nach dem 2. Weltkrieg im direkten und über-
tragenen Sinn.

6 km

Friedbergs Altstadtensemble am **Marienplatz** mit dem **Rathaus**
von 1674 ist hübsch; am östlichen Altstadtrand glänzt die **Wall-
fahrtskirche Herrgottsruh** mit grandiosem Stuck der Brüder
Feichtmayer (1737). Die Fresken von Matthäus Günther (1772) im
Kirchenschiff ergänzen die östliche Rotunde von Cosmas Damian
Asam (1738), allesamt architektonische Bemühungen, das Heilige
Grab in Jerusalem im Stil des Rokoko nachzubilden. Anlaß der

Kirchenstiftung war eine glückliche Heimkehr des Stifters von einer Wallfahrt ins Heilige Land.

Am nördlichen Altstadtrand befindet sich das **Heimatmuseum** im 1257 gegründeten und 1559 neugebauten Schloß mit den Ausstellungsschwerpunkten Herrgottsruh-Wallfahrt, historische Uhren und Rokoko-Fayencen aus Friedberger Werkstätten (So. u. Feiertage 10–12 und 14–17, Mi. 14–16 Uhr u. n. Vereinb., Tel. 08 21 / 60 56 51).

> Von der Wallfahrtskirche Herrgottsruh aus (Informationskarte und Wegweiser) vorbei an den Sportplätzen nördlich, rechts in *Am Hopfengarten* und nach 400 m links in die *Bozener Straße.* Kurz vor der B 300 rechts (Wegweiser für Radler) durch die *Völser Straße* östlich zum Radweg, der nach Dasing leitet.

13 km In **Dasing** ❺ müssen wir ein kurzes Stück auf der vielbefahrenen B 300 radeln, also Vorsicht! Gleich nach der Bahnstrecke Augsburg– Ingolstadt beginnt der straßenbegleitende Radweg. Auf ihm über die A 8 und nach 100 m rechts Richtung Laimering.

Nördlich von Dasing und der Ausfahrt der A 8 liegen das Freizeitzentrum mit seinem beheizten Freibad und das Muß für Kinder und ewige Cowboy- und Indianer-Fans, die „Western City" von Fred Rai mit täglichem Western-Show-Programm (10–18 Uhr, Tel. 0 82 05 / 2 25, Fax 10 84).

17 km Die **Bauerngärten** in **Laimering** ❻ fallen besonders auf – sie blühen am allerschönsten im August. Anders als im Schwäbischen gehört der Ertrag aus dem Gemüseverkauf, besonders auf dem Augsburger Stadtmarkt (siehe Tour 1) allein der Bäuerin. Und wer sein „Veschper", seine Brotzeit unterwegs kaufen will: Eine Info-Broschüre mit Adressen von Direktvermarktern gibt es beim Amt für Landwirtschaft in der Joh.-Niggl-Straße 9, 86316 Friedberg, Tel. 08 21 / 26 09 10.

> Zuerst auf einem Radweg, dann auf der Kreisstraße über *Gollenhof* Richtung Sielenbach, nach Verlassen des Waldes an der ersten Wegkreuzung aber rechts ab und über **Schafhausen** nach

23 km **Maria Birnbaum** ❼ bei Sielenbach: Die vielbesuchte Wallfahrts- und Klosterkirche von 1675 stellt mit einer Vielzahl von orientalisch anmutenden Dach- und Turmkuppeln – dank dem Baumeister Matthias Schmuzer d. J. aus Wessobrunn – architektonisch Bezüge zu Rom (Pantheon), Byzanz und dem Heiligen Land her. Bauherr war ein weitgereister Deutschordenskomtur, der die Kirche um ein

Aichach: unteres Stadttor mit Wittelsbachermuseum (Tour 5)

Radl- und Badepause am Radersdorfer See (Tour 5)

Biergarten Blumenthal (Tour 5)

Marien-Gnadenbild in einem heute noch vorhandenen Birnbaum im Hochaltar in barocker Pracht aufführen und einen „mirakulösen Heiltumsraum" (Kirchenführer) entstehen ließ. Übrigens: Im Mai mit den vielen Marienfesten blühen auch die umgebenden Ecknach-Wiesen goldgelb, und das ganze Ensemble beginnt im Sonnenlicht aufzuleuchten.

Das sehr lebendige Dorfleben in **Sielenbach** ❽ gipfelt in originellen, sehr bodenständigen Veranstaltungen, beispielsweise dem vom Burschenverein veranstalteten „Sautrogrennen". *24 km*

 Bei der barocken Pfarrkirche St. Peter und Paul links ab und, stets rechts haltend, auf Feldwegen über den Hof *Andersbach* nach

Blumenthal ❾, dem landschaftlich reizvoll an einer Schmalstelle des Ecknachtales gelegenen, beliebten Ausflugsziel. Von der ehemaligen Anlage als Wasserschloß ist nur noch wenig zu erkennen. Von 1348 an war Blumenthal Sitz des Deutschen Ordens, Näheres dazu lesen Sie bei Aichach. 1830 übernahmen die Fugger das Schloß, erbauten es und den Schloßgarten neu. Die ganze Anlage (Landwirtschaft, Altenheim, Gaststätte) gehört heute den Fuggerschen Stiftungen und dient auch zur Finanzierung der Fuggerei in Augsburg. Also: machen Sie hier Brotzeit, trinken eine „Radlermaß" oder etwas anderes – und die Fuggereibewohner haben davon direkt etwas. *27 km*

 Durch das östliche Tor aus Blumenthal und zuerst auf einem Feldweg nach

Klingen ❿, dann auf wenig befahrenen Straßen nach *30 km*

Untermauerbach ⓫ und dort links ab nach *32 km*

Oberwittelsbach ⓬. Dort leitet uns ein Wegweiser durch eine Seitenstraße 100 m nördlich zum Burgplatz. *36 km*

Die Anfänge einer illustren Herrschaft liegen hier. Bis 1918 regierten sie Bayern, und mit „königlich-bayerischem" Logo werben sie bis heute, die **Wittelsbacher.** Zwei aus den verschiedenen Linien, Ludwig II. – nicht der aus dem 13., sondern der „Märchenkönig" aus dem 19. Jahrhundert – und seine Cousine Elisabeth, „Sissi", mit 17 mit Kaiser Franz Joseph I. von Österreich vermählt, erlangten Weltruhm.

In der Kreuzritterzeit, 1180, dankte Kaiser Barbarossa Pfalzgraf Otto VI., indem er ihn zum bayerischen Herzog Otto I. adelte. Ein paar Jahre später, 1209, ermordete ein enger Verwandter, der Pfalzgraf Otto XIII.

Variante 2

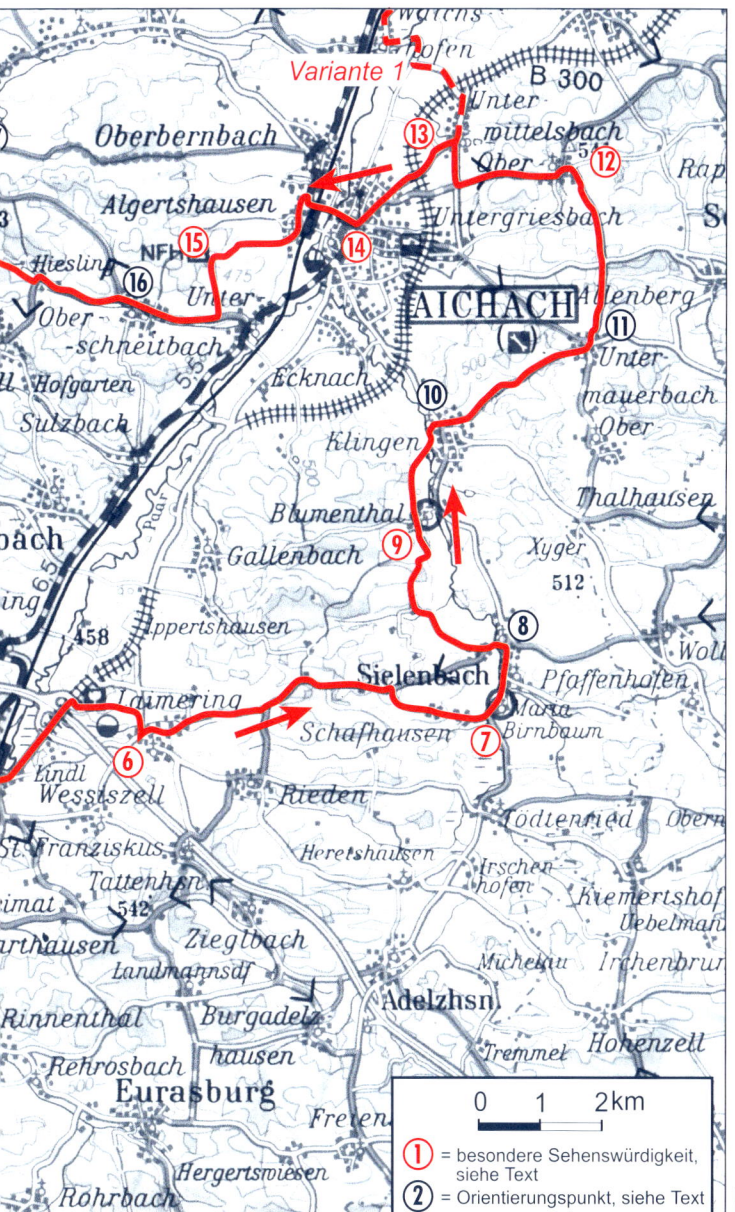

Variante 1

Oberbernbach

Algertshausen

Hiesling NFH

Ober-
schneitbach

Hofgarten

Sulzbach

Ecknach

Klingen

Blumenthal

Gallenbach

Ippertshausen

Laimering

Lindl
Wessiszell

St. Franziskus

Tattenhsn

Zieglbach

Landmannsdf

Rinnenthal

Rehrosbach

Eurasburg

Hergertswiesen

Rohrbach

B 300

Unter
mittelsbach

Ober

Untergriesbach

Rap

AICHACH

Altenberg

Unter

mauerbach

Ober

Thalhausen

Xyger

512

Woll

Sielenbach

Pfaffenhofen

Maria
Birnbaum

Schafhausen

Rieden

Tödtenried

Obern

Heretshausen

Irschen-
hofen

Kremertshof

Uebelman

Michelau

Irchenbrur

Adelzhsn

Tremmel

Hohenzell

Freien

| 0 | 1 | 2km |

① = besondere Sehenswürdigkeit,
siehe Text

② = Orientierungspunkt, siehe Text

von Wittelsbach den deutschen König Philipp von Schwaben aus Schmach über die Auflösung der Verlobung seiner Tochter mit dem Neffen des Papstes. Zur Sühne wurde die Burg Wittelsbach geschleift und der Besitz dem Deutschen Orden vermacht (Informationstafel). Nur wenige Steinreste, die gotische Burgkirche mit dem sehenswerten Gnadenbild der hl. Maria von Gregor Erhart (um 1530) und das neugotische Denkmal von 1857 erinnern hier an den Stammsitz der Wittelsbacher – dürftige Spuren eigentlich.

Ganz anders sieht das der Landkreis Aichach-Friedberg. Traditionsbewußt und geschichtsstolz gab man sich den Namen „Wittelsbacher Land", der alle Aktivitäten dieser Region begleiten und fördern soll – bis hin zur Belebung des Radelns und der Radtouristik. Oder spüren Sie vielleicht nicht, wie es sich königlich-bayerisch in der Spur von Sissi gleich viel leidenschaftlicher und leichter radelt?

 Weiter auf dem Radweg neben der Straße Richtung Aichach und nach etwa 1,5 km rechts ab nach

39 km   **Unterwittelsbach ⓮** – oder (bei gutem Wetter) direkt durch den Wald vom westlichen Ortsrand von Oberwittelsbach aus.

Sissis Traumschloß – liegt landschaftlich ausgesprochen hübsch im Ortszentrum rechts, ein Wasserschloß aus dem 14. Jahrhundert. Seit 1838 war es im Besitz des lebenslustigen und originellen Wittelsbacherherzogs Max, des sogenannten „Zittermaxl" aus der Wittelsbacher Nebenlinie der „Herzoge in Bayern". Und seine Tochter Elisabeth – ja, die berühmte „Sissi" (1837–1898, auch „Sissy" oder „Sisi") – hat hier romantische Jugendjahre verbracht. So manches rankt sich um die beiden, was man sich im Wittelsbacher Land heute noch erzählt. Fragen Sie die Leut' nur! Das Schloß selbst, heute ein privates Jugendheim, ist nicht zugänglich.

*Variante 1: Nach St. Leonhard in **Inchenhofen** (7 km), **Pöttmes** und **Thierhaupten** (33 km, vgl. ADFC-Regionalkarte Augsburg Touren Nr. 13 und 12 sowie hier im Buch Tour 4) und über Meitingen (vgl. ADFC-Tour Nr. 3) zurück nach Augsburg oder weiter nach Donauwörth (siehe Tour 4). Von **Unterwittelsbach** auf befestigten Nebenstrecken über Walchshofen und Großhausen nach **Inchenhofen**. Ziel des Leonhardiritts – der ehemals viertgrößten christlichen Wallfahrt, gleich nach Jerusalem, Rom und Santiago de Compostela – ist die spätgotische Hallenkirche mit einer beeindruckenden Ausstattung aus dem Barock und Rokoko. Die Fresken des hier geborenen Künstlers Ignaz Baldauf und eine Fülle von Engeln am Hochaltar von Anton Wiest sowie viele andere Elemente vermögen etwas von der geistigen und künstlerischen Kraft zu vermitteln,* *die aus der Wallfahrt bis heute erwächst. Am Sonntag auf den Namenstag (6. November) findet der traditionelle Leonhardiritt mit rund 25 Festwagen und Kutschen und mehr als 200 Pferden statt, zu dem bis zu 20.000 Gläubige und Zuschauer kommen – dazu traditionell der Bischof von Augsburg, manchmal sogar hoch zu Roß, und ein Vertreter der Bayerischen Staatsregierung.*

 Die Hauptstrecke führt von Unterwittelsbach direkt nach

Aichach ⑭ im Paartal. Aichachs Geschichte hängt eng mit der von Oberwittelsbach zusammen. Als nämlich die Burg dort nach Ottos XIII. Königsmord 1209 geschleift wurde, verbaute man die Steine in der Aichacher Stadtmauer. Und zur Sühne fiel die gesamte Pfarrei an den Deutschen Orden, der von da an die Entwicklung Aichachs, Blumenthals und des Ecknachtales im Mittelalter prägte. Nach der mustergültig durchgeführten Stadtsanierung, die das barocke Stadtbild aus dem 17. und 18. Jahrhundert weitgehend wiederherstellte, strahlt der langgezogene Stadtplatz in seinen hellen Farben und darf als wahres Herz des „Wittelsbacher Landes" bezeichnet werden, als Bühne des kleinstädtischen Lebens.

41 km

Das **Wittelsbachermuseum** im Unteren Stadttor (1. 4. – 31. 10. Di. – So. 10–12 und 14–16 Uhr, Tel. 0 82 51 / 9 02 52) zeigt die Geologie des Aichach-Friedberger Gebietes mit Eisenerzgeoden aus den mittelalterlichen Trichtergrubenfeldern (siehe unten), antike Funde aus der Region und als Schwerpunkt die Ausgrabungsergebnisse auf der Burg Oberwittelsbach. Zum schönen Altstadtensemble um den **Stadtplatz** mit Rathaus – besonders lebendig, wenn Wochenmarkt ist – gehört auch die **Spitalkirche** des Deutschen Ordens.

Vom Zentrum Aichachs aus westlich an der Stadtpfarrkirche Maria Himmelfahrt vorbei durch die *Bahnhofstraße* zum Bahnhof (Regionalzüge Augsburg–Ingolstadt im Stundentakt), durch die Fußgängerunterführung oder über den Bahnübergang an der *Donauwörther Straße* auf die westliche Seite des Bahnhofs in den Stadtteil **Algertshausen.** Dort erst auf der *Grubetstraße,* nach dem Ort auf befestigtem Weg nach Westen langsam ansteigend hinauf zum

Naturfreundehaus am Grubet ⑮, wo neben der schönen Aussicht über das Paartal die Einkehr am Wochenende lockt.

44 km

Als ein ehemaliges „altbairisches Ruhrgebiet" kann das Gelände hier gelten (Orientierungstafel gegenüber dem NFH): mit zahlreichen Trichtergruben, die nachweislich schon im frühen Mittelalter zur Gewinnung von Eisenerzgeoden im Tagebau dienten, die vor Ort mit

Hilfe von Holzkohle und Blasebälgen in Rennfeueröfen verhüttet und zu Eisenbarren gegossen wurden. Schöne Fundstücke solcher Geoden finden sich in einem Schaukasten im Haus und im Wittelsbachermuseum in Aichach. Zur Besichtigung einiger Gruben am besten – zu Fuß oder per Rad – am Naturfreundehaus vorbei rund 300 m geradeaus weiter, dort links (rote Markierung) auf schlechtem Weg eine kleine Anhöhe hinauf.

Nach wenigen Metern stehen wir zwischen zahlreichen, bombentrichterähnlichen Gruben: ehemalige Schächte, etwa 5 bis 10 m tief und hinunter auf eine Schichtgrenze tertiärer Molassesande in etwa 500 m NN reichend. An ihr haben die ständig auf- und absteigenden Lösungen von Grund- und Regenwasser um einen Kristallisationskeim herum Eisenoxyd aus den Sanden abgelagert, das im Laufe von rund 14 Mio. Jahren bis zu Kindskopfgröße heranwuchs (sogenannte „Reutersche Blöcke", vom Einschlag des Ries-Meteoritkraters hierher geschleuderte Kalkbrocken, belegen dieses Alter). Natürlich war zuvor der ganze Wald längst abgeholzt und das Holz in Meilern zu Holzkohle für die Rennfeueröfen umgewandelt worden. Das so gewonnene, relativ hochwertige Eisen wurde von mittelalterlichen Schmieden zu Werkzeugen und Beschlägen, Waffen und Rüstungen verarbeitet, und keine Stelle in der Region Augsburg veranschaulicht die mittelalterliche Bergbautradition so deutlich wie das Grubet.

 Beim NFH nun 1 km mühelos bergab, hinunter zur Kreisstraße, dort rechts ab und 1 km bis

46 km **Oberschneitbach** ⑯. Geradeaus weiter, vorbei an einem traditionellen Dreiseithof, und beim *Hieslinger Waldweiher* (Wegweiser) geradeaus weiter auf einem guten Waldweg stets leicht ansteigend, vorbei an **St. Georg,** ehe eine lange Abfahrt (aufgepaßt!) nach

51 km **Igenhausen** ⑰ leitet. Zu beachten sind die ländlich-barocke Pfarrkirche St. Michael und der Spargelanbau und -verkauf durch selbstvermarktende Bauern. Nun links und auf der Kreisstraße bis **St. Jodok** (Wallfahrtskirche, nur bei Gottesdiensten zugänglich), anschließend (bis Augsburg) auf Radwegen oder kleinen Nebenstrecken weiter. Nächster Ort ist

55 km **Haunswies** ⑱. Die schöne Pfarrkirche St. Jakobus d. Ä. weist eine sehenswerten Rokoko-Ausstattung von J. G. Dieffenbrunner (1777) auf.

Gleich nach dem Überqueren der Brücke über den Affinger Bach rechts ab (Wegweiser) und auf einem Feldweg westlich durch das Tal nach

Affing ⑲. Dort passieren wir durch eine schöne Allee das Schloß, *57 km*
ein ehemaliges Wasserschloß (1694/1928) in weitläufigem
Schloßpark mit Orangerie (um 1830). Kunstliebhabern sei die Pfarrkirche „Zu den Sieben Zufluchten" mit ihrer einheitlich-stimmigen,
barocken Ausstattung empfohlen. – Und allen Ermatteten, Durstigen:
der **Affinger Keller.** Am südlichen Ortsrand (Wegweiser), im Wald
gelegen, wird seit ein paar Jahren einer der letzten traditionellen
Bierkeller, der als kühle Lagerstätte für das Bier aufgegeben wurde,
sommers wieder bewirtschaftet und von Einheimischen ebenso wie
von radelnden Ausflüglern gerne aufgesucht.

 Zurück in Affing links ab und auf der Ortsverbindungsstraße
nach

Gebenhofen ⑳ und *59 km*

Anwalting ㉑. *61 km*

*Variante 2: Ausflugsziel **Scherneck** (hin und zurück 7 km); der Abstecher über Au nach Scherneck lohnt der Aussicht und der Einkehr
wegen. Das **Schernecker Schloß**, einst im Besitz der Herren von Rehling (13. Jh.), wurde von etwa 1415 an neu- und mehrfach umgebaut
und ist heute in Privatbesitz. Die dazugehörige Brauereigaststätte ist ein
beliebtes Ziel hoch über dem Lechtal. Die wohl schönste Aussicht hat
man aber von der Kirche im Ort **Au** gleich nebenan!*

 Von Anwalting führt unsere Route auf ausgeschilderten Radwegen erst nach

Mühlhausen ㉒, wo im Ort und bei den beiden Campingplätzen *64 km*
am südlichen Ortsrand und in der näheren Umgebung Bade- und
Einkehrmöglichkeiten bestehen.

In Mühlhausen gibt es zwei Möglichkeiten: entweder auf dem Radweg der *Augsburger/Mühlhauser Straße,* der Staatsstraße Ri. Augsburg-Ost (Autobahnausfahrt) oder an der Hauptkreuzung kurz links,
gleich wieder rechts in den *Birkenweg,* südlich aus dem Ort heraus
und auf Wirtschaftswegen östlich um den Flugplatz herum zum

Autobahnsee bei Augsburg-Ost ㉓: Durch Kiesentnahme für *67/69*
den Bau der Autobahn entstand dieser Baggersee, der zu einem *km*
Badesee mit Freizeiteinrichtungen und Campingplatz ausgebaut
wurde.

Zurück nach Augsburg bei der *Ampel* an der Zufahrt zum Autobahnsee westlich und geradeaus weiter auf den ehemaligen Müllberg zu. Eine Brücke leitet links bequem über die A 8. Anschließend gleich rechts und durch die *Kaspar-Reiter-Straße* westlich zum Radweg am Lech-Ostufer, diesen nach Süden (Abschnitt der „Romantischen Straße" für Radler) bis zum

79/81 km **Hochablaß** ㉔ oder über eine der vier Lechbrücken ins Zentrum von Augsburg.

Beim „Boarischen Hiasl" im altbairischen Lechrain

Eine kurzweilige, gemütliche Ausflugsrunde auf wenig befahrenen Nebenstrecken leitet in den hügeligen, altbairischen Lechrain, wo ehedem der „Boarische Hiasl" wilderte. Gedeckt und unterstützt wurde er dabei von frohen, unbeugsamen, gradlinigen Mitmenschen. Begegnungen mit den Nachfahren – echte Originale sind darunter – sind auch heute fast in jedem Dorf noch möglich. Am Weg liegen St. Afra im Felde, die älteste historisch belegte Wallfahrt in Deutschland, als Abstecher Kissing, das „seinem" Hiasl sogar ein Denkmal setzte, und Meringerzell mit einer eigenen „Junggesellen-Hütt'n". Hier gilt's vor allem für Damen, kühlen Kopf zu bewahren! Bei Sommerhitze dagegen schenken allen – Weiblein wie Männlein – der Lech und die Auwaldseen am Rückweg genügend Abkühlung, sofern es uns beim häufigen leichten Auf und Ab zuvor warm geworden ist.

Start und Ziel:	*Augsburg-Hochablaß*
Streckenlänge:	*45 km*
Charakter:	*Leicht, mehrfach leichtes Auf und Ab.*
Wegweisung:	*Nebenstraßen, stets markiert mit nebenstehendem Symbol.*
Varianten:	*Mehrfach möglich.*
Verkehrsverbindungen:	*Augsburg – Nannhofen – München mit Regionalzügen der Deutschen Bahn (Kursbuch 980/984, AVV-Regionalbahn R1), Halt in: Augsburg-Hochzoll, Kissing, Mering; Ammersee-Bahn Augsburg – Weilheim (stündlich, Sa./So. zeitweise zweistündlich, Kursbuch 985), Halt in Merching und wie oben.*
Beste Zeit:	*Hochsommer wegen der vielen Bademöglichkeiten.*
Radservice:	*Augsburg, Friedberg, Kissing, Mering, Steindorf (siehe Gelbe Seiten im Telefonbuch).*
Einkehrmöglichkeiten:	*An den Seen und in den größeren Orten.*

Die Tour auf einen Blick

Nr.	km	Beschreibung
1	**0**	**Augsburg-Hochablaß** zum
2	**0,5**	**Kuhsee,** präzise: Auf bezeichnetem Radweg vom Kiosk im Osten des Hochablasses am Kuhsee zum „oberen Kiosk", dort links, östlich, in die *Schwabhofallee.* An ihrem Ende straßenparallel auf Radweg 50 m nördlich, über die Bahnbrücke und bei der Schwabhof-Ampel über die B 2. Weiter auf dem Radweg nach
3	**3**	**Friedberg-St. Afra im Felde;** von der Kirche ca. 500 m zurück Richtung Schwabhof, links ab in die *Lechfeldstraße,* an deren Ende wieder links in die *Lindenauer Straße.* Nach zwei Straßenbiegungen, erst rechts, dann links, auf den östlichen Lechtalrand zu. 50 m vor dem Anstieg rechts ab auf einen unbefestigten Feldweg und auf ihm zum
4	**6**	**Paardurchbruch bei Ottmaring.** Geradeaus weiter nach
5	**7**	**Ottmaring,** auf dem linksseitigen Radweg Richtung Bachern und nach 200 m links, auf der Kreisstraße bis
6	**10**	**Rohrbach,** dort rechts und nach
7	**12**	**Bachern** mit Grabhügeln, Viereckschanze, Burgresten und Schloß. Weiter auf Nebenstraßen über Asbach nach
8	**15**	**Holzburg,**
9	**16**	**Eismannsberg,**
10	**19**	**Baindlkirch,** das „Weißwurst-Mekka" (jeden Donnerstag-vormittag). Über
11	**22**	**Sirchenried,**
12	**23**	**Baierberg,** ein Stück auf unbefestigtem Weg nach
13	**26**	**Hochdorf** mit schönem Pfarrhof, wieder auf der Straße nach
14	**29**	**Steinach** und auf straßenbegleitendem Radweg nach
15	**32**	**Merching,** als Variante Abstecher nach **Mering.** Von Merching oder Mering aus auf beschilderten Radwegen parallel zu den Straßen zur
16	**38**	**Lech-Staustufe 23,** Wassersportrevier und NSG. Auf unbefestigtem Weg am Lech-Ostufer, entlang dem
17	**40**	**Weitmannsee,** Freizeitgelände und NSG, zum
18	**42**	**Auensee** und zurück nach
19	**45**	**Augsburg-Kuhsee** und -**Hochablaß.**

Augsburg-Hochablaß ❶: Über den Start an der natürlichen Grenze Lech lesen Sie mehr zu Beginn der Tour 5. Ebenso über den Kuhsee ❷ und die Wallfahrtskirche **St. Afra** im Felde nahe bei Friedberg ❸.

Auf dem ausgeschilderten Radweg, vom Kiosk im Osten des Hochablasses beginnend, durch die gestaltete Parklandschaft am

0,5 km

Kuhsee ❷: am „oberen Kiosk" nach links in die geschützte *Schwabhofallee.* An ihrem östlichen Ende parallel zur Straße auf dem Radweg 50 m nördlich und über die Bahnbrücke, dann bei der Schwabhof-Ampel über die B 2 und auf dem Radweg direkt nach Osten auf die von weitem sichtbare Kirche zu.

3 km

Friedberg-St. Afra im Felde ❸: Von der Kirche rund 500 m zurück Richtung Schwabhof, links = südlich in die *Lechfeldstraße,* an deren Ende wieder links in die *Lindenauer Straße.* Nach zwei Straßenbiegungen, erst rechts, dann links, auf den östlichen Lechtalrand zu. 50 m vor dem Anstieg rechts ab auf einen unbefestigten Feldweg, dem wir folgen bis zum deutlich erkennbaren Einschnitt in die Lechleite, dem

6 km

Paardurchbruch bei Ottmaring ❹: Ein Paar sind bekanntlich immer zwei, so auch beim Flüßchen Paar. Beim „Ritter- und Bierort" Kaltenberg, etwa 25 km südlich, entspringt die „obere Paar" aus den eiszeitlichen Endmoränen. Früher mündete sie bei Augsburg in den Lech. Doch von Nordosten her hat sich die „untere Paar" in die weichen Sande des altbairischen Tertiärhügellandes (dazu unten mehr) stark rückschreitend eingeschnitten, den letzten Hügel zum Lechtal hin durchbrochen und die „obere Paar" angezapft. So wurden aus zwei eins. Die Paar fließt seitdem ohne Umweg über den Lech direkt zur Donau und erfreut uns heute mit der idyllischen Landschaft des Paardurchbruchs.

Variante 1: **Hiasls Heimat, Mergenthau–Kissing** *(zusätzlich 3 km bis Bachern). Noch vor Ottmaring auf der Nebenstraße rechts, südlich, über das von Schanzen aus der Zeit der Ungarnkriege (10. Jh.) umgebene Mergenthau (1714 durch Hans Georg Mozart gebaut; privat) nach* **Kissing.**

Dort wurde das **Ilsungsche Schloß** *von 1560 im Ortszentrum durch den Augsburger Stadtbaumeister Elias Holl zum Jesuitenkolleg umgebaut. Der heutige Barockbau stammt von 1715. Schräg gegenüber, vor dem Rathaus, hat die Gemeinde dem „Boarischen Hiasl", ein kleines, bronzenes Denkmal gesetzt. Da gehört Mut dazu!*

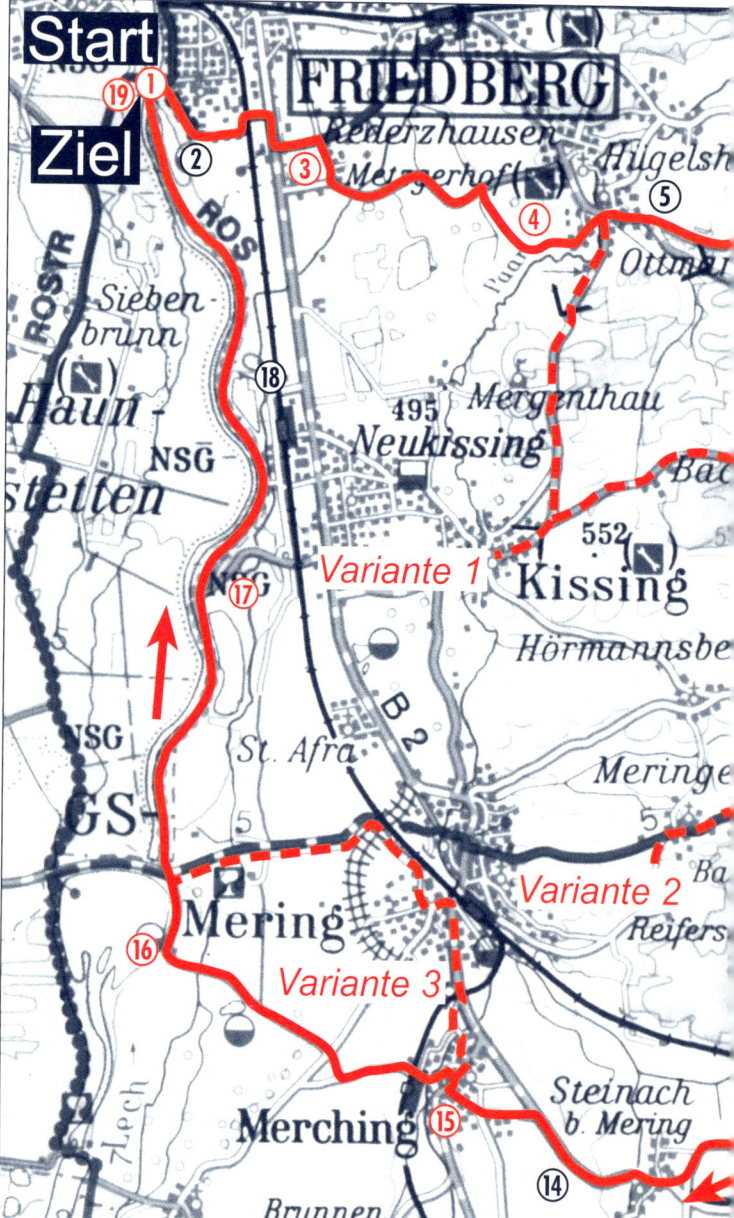

0   1   2 km

① = besondere Sehenswürdigkeit,
siehe Text

② = Orientierungspunkt, siehe Text

*Der Taufstein in der Pfarrkirche **St. Stephan,** einer Wehrkirchenanlage aus dem 12. Jahrhundert, ist eine der bedeutendsten Steinmetzarbeiten in Bayerisch-Schwaben. 1723 wurde die Kirche barockisiert. Der Stuck stammt von Matthias Lotter.*

*Die **Burgstallkapelle** (1681), in prächtiger Aussichtslage (Alpenblick) an der Straße nach Hörmannsberg, birgt eine herausragende Barock-ausstattung, unter anderem von Matthias Lotter, Matthäus Günther, Verhelst, Degler.*

*Von **Kissing** auf Nebenstraße über Seewieshof – südlich im Wald imposante hallstattzeitliche Grabhügel – nach **Bachern,** zurück zur Hauptroute.*

Der **Hiasl** hieß eigentlich Matthias Klostermayer, lebte von 1736 bis 1771, erlangte als berüchtigter Wildschütz, Räuberhauptmann und Rebell gegen die bayerische Obrigkeit im Volk große Popularität. Als einer der zu seiner Zeit gefürchtetsten Gangster weit und breit nützte er immer wieder geschickt die Lechgrenze, um sich der Verfolgung durch die Flucht ins Schwäbische zu entziehen. Doch sein Gerechtigkeitssinn, sein Freiheitsdrang und Widerstand gegen die Staatsgewalt ließ ihm auch stets Unterstützung zuteil werden. Er gilt bis heute als bajuwarisches Urbild, kraftstrotzend, kühn, selbstbewußt, verwegen, schneidig und ein wenig romantisch und ist damit schon zu Lebzeiten zur Legende geworden, die in Liedern, Theaterstücken und Literatur lebendig gehalten wird.

7 km   Auf der Hauptstrecke in **Ottmaring ❺,** den Wegweisern folgend Richtung Bachern auf dem Radweg der östlichen Straßenseite. Nach rund 300 m links Richtung Rohrbach und auf einer wenig befahrenen Straße erst ständig leicht bergauf, dann aber flott bergab nach Rohrbach.

Tertiäre Radler-Gaudi: Radler spüren die Landschaftsformen am Pedaltritt: Sanftwellige Hügel ohne scheinbare Ordnung ergeben ein ständiges Auf und Ab, immer kurzweilig, selten anstrengend. Maßvoll eben, und darum eigentlich von allen Radlern so geschätzt. Das „altbairische Tertiärhügelland", wie es Geographen heute bezeichnen, entstand im Lauf von 67 bis 2,4 Mio. Jahren vor heute. Damals wurden die Alpen besonders heftig nach oben geschoben und gefaltet. Entsprechend senkte sich das Alpenvorland zu einem Trog ab, der sich abwechselnd mit Meer- oder Süßwasser füllte. Zuletzt transportierten die damaligen Flüsse unvorstellbare Mengen an quarzreichen Feinsanden zur Ablagerung in den See. Sie bildeten nach dem Ablaufen des Wassers die heutige, kräftig erodierte, hügelige Landschaftsoberfläche. Ja, wir radeln tatsächlich auf dem ehemaligen Seeboden!

 In **Rohrbach** ❻ rechts ab nach

10 km

Bachern ❼: Hallstattzeitliche Grabhügel, Geländespuren einer keltischen Viereckschanze und mittelalterliche Burgreste im Süden des Ortes verweisen auf eine mindestens 3.000jährige Besiedlung dieses fruchtbaren Bauernlandes. Aus dem 13. Jahrhundert stammt die alte Pfarrkirche St. Vitus (heute Friedhofskapelle). Und im Ort dominiert das ehemalige Schloß des Augsburger Hl.-Kreuz-Klosters (1595) im Stil einer Vierflügelanlage neben der spätklassizistischen Pfarrkirche.

12 km

 In Bachern links ab und kurz und heftig hinauf, auf der guten Straße östlich weiter nach

Holzburg ❽ und

15 km

Eismannsberg ❾, dann südlich, kurz durch Wald, nach

16 km

Baindlkirch ❿, das „Weißwurst-Mekka": Jeden Donnerstag von 7 bis gegen 12 Uhr bricht der Autoverkehr in dem kleinen Ort fast zusammen, wenn sich die Weißwurst-Fans aus ganz Südbayern im Kölnspergerschen Anwesen zu einer original bayerischen Brotzeit mit Weißwürsten, schüsselweise, Brezn und Weißbier treffen...

19 km

Weiter Richtung Westen auf der Straße nach

Sirchenried ⓫ und in das kleine

22 km

Baierberg ⓬.

23 km

*Variante 2: Nicht nur für Damen, zur „**Zeller Hütt'n**" (hin und zurück 7 km); von Baierberg auf der Kreisstraße 2 km westlich (Richtung Mering) bis **Meringerzell**. Südlich davon, 554 m hoch, liegt in idyllischer, aussichtsreicher Lage am Waldrand die winzige und urige **Zeller Hütt'n**, einst erbaut von den Meringerzeller Junggesellen zum gemeinsamen Ertränken ihres Leids in Bierseligkeit, aber auch um Gäste aus der Umgebung anzulocken, darunter möglicherweise eine passende Maid zu finden wäre. Heute sind die meisten von ihnen indes verheiratet, Damenbesuche gestalten sich entsprechend problemlos, eine Einkehr ist (sonntags) stets zu empfehlen. – Auf demselben Weg zurück nach Baierberg.*

Der Weg von Baierberg nach Hochdorf (Wegweiser) ist unbe-
festigt und traumhaft schön: Das nach Süden offene Wiesental leitet stets bergab. Ja, richtig, gegen die Alpen zu und bergab!
Die Ursache ist weiter unten erklärt.

26 km   **Hochdorf** ⓭: Der schloßähnliche Pfarrhof von 1730 wurde 1992
mustergültig renoviert (privat).

Nun unter der ICE-Bahnstrecke München–Augsburg durch
Richtung Steinach. Auf ihr wurde übrigens 1965 erstmals mit
200 km/h gefahren. Nach der Unterführung taucht rechtsseitig ein
markanter Buckel auf, der

Bacherleh: Wir sind der Eiszeit auf der Spur, müssen nur mal am
Boden „kratzen". Ziemlich verwittertes Geschiebe belegt die For-
schungsergebnisse von Geologen: Wir stehen auf einer mächtigen
rißeiszeitlichen Endmoräne eines alpinen Gletschers, der hier seinen
weitesten Vorstoß nach Norden erreichte. Vor rund 130.000 Jahren
wären wir an der Gletscherstirn gestanden – und hätten mächtig
gefroren!. Eine Eiszeitlandschaft wie im Lehrbuch, mit etwas Phantasie oder einem gelegentlichen Vergleich an einem aktuellen alpinen
Gletscher gut vorstellbar.

29 km   Nicht nur **Steinach** ⓮ hier, ein paar Kilometer weiter auch Stein-
dorf und Steinbach verweisen auf die vielen Steine und den Löß, der
das **„Krautland"** erst möglich macht. Das eiszeitliche Geschiebe
alleine ergibt nicht immer solch ausgezeichnete Verwitterungsböden.
Hier kommt ein Phänomen dazu: In der Nacheiszeit wuchs wegen
des kühlen Klimas noch lange Zeit nur wenig. Die vorherrschenden
Westwinde konnten massenweise den feinen Staub aus den Schottern des Wertach- und Lechtals herausblasen und ihn nach kurzer
Distanz wieder abladen. Bis zu 2 m starke Deckschichten lagerten
sich so zu Löß ab, verwitterten auf Grund ihres Mineralreichtums
und ihrer wasserdurchlässigen Struktur rasch zu hervorragenden
Böden und liefer(te)n den Landwirten reiche Ernten, insbesondere
bei Kraut. Weite Krautfelder gab es früher hier, bis die nationale
Marktlage sich änderte. Das Kraut stammt heute zumeist aus Nord-
deutschland. Doch Sauerkraut-Gerichte haben hier im altbairischen
Lechrain immer noch Tradition.

Von Steinach auf straßenbegleitendem Radweg nach

Radl-Lustpartie im „Wittelsbacher Land" Richtung Weyhern (Tour 6)

Bade- und Radlparadies in Augsburg: Kuhsee (Touren 1, 5, 6 und 7)

Augsburg: Olympische Kanustrecke am Hochablaß (Touren 1, 5, 6 und 7)

Merching 15: Die Pfarrkirche St. Martin (1707) weist einen wunderschönen, barocken Turm und eine sehenswerte barocke Innenausstattung (u. a. von J. und J. G. Bergmüller, Lorenz Luidl) auf.

32 km

*Variante 3: über **Mering** (zusätzlich 2 km); ein Radweg leitet hinüber nach Mering, in den Hauptort des Krautlands. Der lebendige Marktort war ehemals Mittelpunkt der Welfenherrschaft an der oberen Paar. Die barocke Pfarrkirche St. Michael (1739) von J. B. Gunetzrhainer und J. Effner beeindruckt mit stilreiner Rokoko-Ausstattung (z. B. Fresken und gemalter Stuck von Ignaz Baldauf; prunkvoller Hochaltar) und ist Teil eines sehr schönen Ortskerns. Das Heimatmuseum kann man nach Voranmeldung unter Tel. 0 82 33 / 9 20 23 besichtigen.*

 Von Merching oder Mering aus auf beschilderten Radwegen parallel zu den Straßen zur

Lech-Staustufe 23 16. Mit ihr endet die BAWAG-Kraftwerks-Treppe im Lech, die mit dem Forggensee bei Roßhaupten beginnt. Im südlichen Bereich wird der aufgestaute Lech als Landschaftsschutzgebiet erhalten, wogegen die nördliche, größere Seefläche als Freizeitgelände mit Badeplatz (Wasserwachtstation) und Segel- und Surfrevier dient.

38 km

Das letzte Stück der Tour entweder auf dem breiten, dammbegleitenden Wirtschaftsweg oder landschaftlich sehr reizvoll (nur für geübte Radler) auf dem schmalen, östlichen Lechuferweg durch die Lechauen weiter zum

Weitmannsee 17: Durch Ausbaggern entstand ein vom „Verein zur Sicherstellung überörtlicher Erholungsgebiete Augsburg" (EVA) gestaltetes, sehr beliebtes Freizeitgelände mit Badeplatz (DLRG), Spielflächen, Einkehrmöglichkeit mit Terrasse. Im südlichen Bereich finden wir noch eine weitgehend erhaltene und geschützte Lechauen-Naturlandschaft.

40 km

Wer am **Auensee 18** die Badesachen vergessen haben sollte, hier kein Problem, im Gegenteil: Ein von Naturisten geschätzter, glasklarer und „eiskalter" Baggersee (Wasserwachtstation) lädt zum hüllenlosen Baden ein.

42 km

Ohne Mühe die Heimfahrt nach
Augsburg-Kuhsee und -**Hochablaß 19** oder hinein in die Stadt.

45 km

Auf der römischen Via Claudia

Die historische Verbindung über die Alpenpässe hinweg zur römischen Provinzhauptstadt „Augusta Vindelicum" oder „Vindelicorum", dem heutigen Augsburg, wird auf dem Lechfeld als längste original erhaltene Römerstraße in Deutschland zu einem neuen kulturhistorischen Radweg ausgebaut. Ein Zwischenziel ist die barocke Wallfahrtskirche Klosterlechfeld. Von hier aus führt die Route durch die lichten Auwälder entlang von Lech – im Fluß oder in Baggerseen gute Bademöglichkeiten – oder Wertach zurück nach Augsburg. Sie finden aber auch Anschluß über den Lech-Höhenweg nach Landsberg und ins Voralpenland. Und wenn es sein soll, noch weiter auf der historischen Via Claudia – bis nach Italien...

Start und Ziel:	*Augsburg-Hochablaß*
Streckenlänge:	*56 km*
Charakter:	*Leicht, ohne wesentliche Steigung, hauptsächlich befestigte Wege.*
Wegweisung:	*Stets markiert mit nebenstehendem Symbol, Karten als Orientierungshilfe empfehlenswert.*
Varianten:	*Mehrere möglich.*
Verkehrsverbindungen:	*Augsburg – Bobingen – Schwabmünchen (teils halbstündlich und noch dichter, Kursbuch 987) und Lechfeld-Bahn Augsburg – Bobingen – Kaufering – Landsberg (stündlich, Kursbuch 986) mit Regionalzügen der Deutschen Bahn, Halt in: Bobingen, Schwabmünchen und Oberottmarshausen, Lagerlechfeld, Klosterlechfeld.*
Radservice:	*Augsburg, Königsbrunn, Oberottmarshausen, Untermeitingen, Klosterlechfeld (siehe Gelbe Seiten im Telefonbuch).*
Einkehrmöglichkeiten:	*In in allen Orten und an den Seen am Lech.*

Augsburg-Hochablaß ❶: Beliebter Radler-Treff ist die ehemalige Zwiebelturmhaube der 1972 abgerissenen Hochablaß-Gaststätte auf der westlichen Seite des Hochablasses, die heute als Unterstand und Picknickplatz dient. Von hier entweder auf der befestigten Waldstraße, den Wegweisern folgend, vorbei am *Haunstetter Krankenhaus* und landschaftlich sehr reizvoll am Brunnen- und Lochbach entlang oder auf dem östlichen *Lechuferweg* zur

Lech-Staustufe 23 ❷, dem Wassersportrevier und NSG (siehe auch Tour 6).

9 km

Auf dem Weg dorthin werden der **Siebentischwald** und **Haunstetter Wald** durchquert, ein weitläufiges Naturschutzgebiet (NSG) und beliebtes Ausflugsgebiet mit vielen markierten Wegen. Das frühere Jagdgebiet der Augsburger Bischöfe war einmal ein lichter Grauerlen-Grauweiden-Auwald, hat sich bis heute durch Waldbewirtschaftung zu einem Auen-Hartholz-Mischwald entwickelt, mit inselhafter Schotterheide-Vegetation (NSG „Königsbrunner und Kissinger Heide"). Besondere Beachtung verdienen die zahlreichen Pflanzen alpiner, pontischer und submediterraner Herkunft – in der „Pflanzenbrücke Lechtal" (vgl. Tour 4, Abstecher zum Taglilienfeld). Oberirdische Quellaustritte lieferten der Stadt Augsburg qualitativ bestes Trinkwasser seit dem Mittelalter. Heute dient der Wald mittels zahlreicher Flach- und Tiefbrunnen als nahezu unerschöpfliches Wasserschutzgebiet der Stadt Augsburg. Und wir Radler sollten uns entsprechend umweltbewußt verhalten.

Von der Staustufe 23 auf dem Radweg entlang der *Meringer Straße* westlich bis zur *Lechstraße,* der Ostumfahrung von Königsbrunn, dort links ab und weiter bis zur Ampel an der *Landsberger Straße* bei der Gaststätte Neuhaus („Topkapi") oder auf der *St.-Johannes-Straße* geradeaus hinein in den Ort.

Königsbrunn wurde 1833 von König Ludwig I. gegründet. Drei vom König angeregte Brunnen gaben dem Ort den Namen, der mit fast 7 km noch in den 60er Jahren längstes Straßendorf in Bayern war. Dank günstiger Bodenpreise und guter Verkehrsanbindung wuchs das längst zur Stadt „geadelte", ehemals ärmste Dorf der Region stetig zu einer attraktiven Kleinstadt heran. Im **Lechfeldmuseum** ist eine vielfältige, anschauliche Sammlung zur Geschichte Königsbrunns und des Lechfelds zu sehen (Schwabenstraße 3, 1. So. im Monat 9.45–12 Uhr u. n. Vereinbar., Tel. 0 82 31 / 48 75 und 6 06-1 02). Die Bade- und Freizeitlandschaft **„Königstherme"** lädt – vielleicht zum Schluß der Tour – von 9.30–21.30 Uhr zum Besuch.

Die Tour auf einen Blick

Nr.	km	Beschreibung
1	0	**Augsburg-Hochablaß,** Westseite, Start am Radler-Treff, der ehemaligen Zwiebelturmhaube der 1972 abgerissenen Hochablaß-Gaststätte. Von hier aus auf der befestigten Waldstraße (Wegweiser „Romantische Straße"), vorbei am Haunstetter Krankenhaus und am Brunnen- und Lochbach entlang, oder auf dem östlichen *Lechuferweg* zur
2	9	**Lech-Staustufe 23,** Wassersportrevier und NSG. Weiter auf straßenparallelem Radweg westlich bis zur *Ostumfahrung* Königsbrunns, hier links ab und weiter bis zur Ampel bei
3	13	**Königsbrunn-Neuhaus.** Links, südlich, und auf Radweg entlang der *Landsberger Straße* bis zur Abzweigung nach Oberottmarshausen, oder auf der originalen Altstraße (nur mit stabilen Rädern!): Dazu nach 50 m rechts ab in die *Flurstraße,* nach weiteren 60 m links und dann geradeaus, südlich.
4	15	**Oberottmarshausen** nur streifend. Die folgende Bahntrasse östlich auf einem Feldweg umfahren. Bei schlechten Wegverhältnissen westlich durch **Oberottmarshausen** und auf Radweg nach **Kleinaitingen,** dort am Ortseingang links, zurück zur Originalroute und auf dem neuen „kulturhistorischen Rad- und Wanderweg Via Claudia" nach
5	26	**Untermeitingen.** Auf dem Radweg links, östlich weiter nach
6	27	**Klosterlechfeld** mit Wallfahrtskirche und Kloster, über
7	30	**Schwabstadl,**
8	31	**Zollhaus am Lech,**
9	34	**Scheuring** nach
10	40	**Prittriching** mit der Kirche St. Peter und Paul. Bei der ersten Kreuzung im Ort links, beim „Oberen Wirt" wieder links zum Sportplatz. Vor ihm rechts ab und nördlich geradeaus auf befestigtem Feldweg bis zur Zufahrt zur Lech-Staustufe 22. Über sie hinweg und 100 m weiter westlich zum
11	44	**Lochbachanstich** mit Gaststätte und herrlicher Bademöglichkeit. Auf dem Wander- und Radweg nördlich entlang dem Lochbach
12	48	**Lech-Staustufe 23.** Entweder auf dem breiten, dammbegleitenden Wirtschaftsweg oder auf dem schmalen, östlichen Lechuferweg durch die Lechauen weiter zum
13	51	**Weitmannsee** (Freizeitgelände und NSG), zum
14	53	**Auensee** und zurück nach
15	56	**Augsburg-Kuhsee** und **-Hochablaß.**

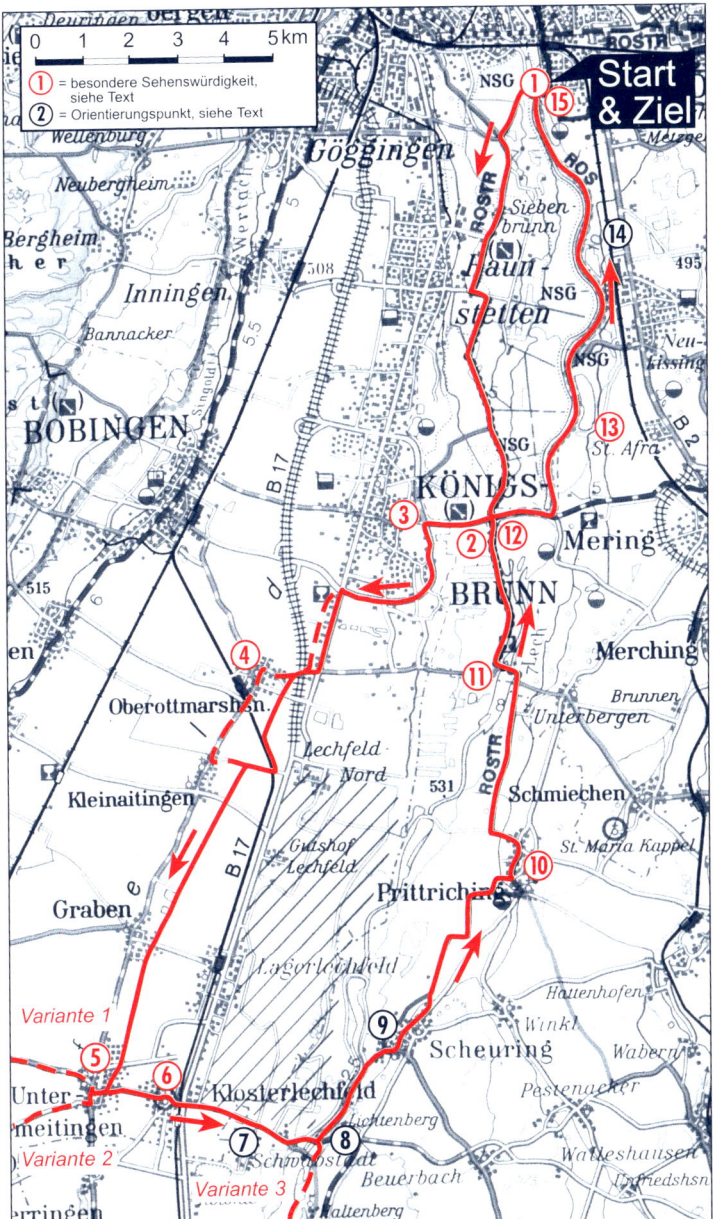

13 km **Königsbrunn-Neuhaus** ❸: 1688 wurde das Gebäude an der heutigen Kreuzung *Landsberger Straße/Lechstraße* als Verpflegungs-, Vorspann- und Zollstation errichtet. Die Straße nach Landsberg war damals ganz neu. Gegenüber, auf der anderen Straßenseite steht die kleine, barocke Nepomuk-Kapelle (1734). Wo heute das Gasthaus Einkehr bietet, stand höchstwahrscheinlich bereits vor rund 2.000 Jahren ein römischer Straßenposten, wenn nicht gar eine Art Karawanserei im Zuge der **Via Claudia.** Warum gerade hier, dazu unten mehr. Hier beginnt in südlicher Richtung das längste, original erhaltene Stück einer Römerstraße in Deutschland – und zwar gleich südlich des Biergartens der Gaststätte mit dammartigen Geländespuren in der Wiese.

Die **Via Claudia** führte als bedeutende Fernverkehrsverbindung vom Adriahafen Altinum, dem Vorläuferort von Venedig, über den Reschen- und Fernpaß zur römischen Provinzhauptstadt Augusta Vindelicum oder Vindelicorum und nach Summuntorum bei Donauwörth (siehe Tour 4). Sie ist 350 römische Meilen, 517,3 km lang. Errichten lassen hat sie Kaiser Claudius – er regierte von 41 bis 54 n. Chr. Ihr Abschnitt Augsburg–Füssen ist noch auf zwei Dritteln der Strecke original erhalten und mit dem Rad gut befahrbar. Durch den Neubau der „Hochstraße" Oberottmarshausen–Untermeitingen durch das Hochstift Augsburg und in jüngster Zeit der B 17 (neu) („Romantische Straße") ist die Via Claudia auf dem Lechfeld ein für Autos und Lastwagen bedeutungsloser Feldweg geworden. Der Verein „EVA" (vgl. Tour 6) baut sie gerade zu einem „europäischen Kultur-Rad- und Wanderweg" aus, und Info-Tafeln können das direkte Nebeneinander einer so bedeutenden internationalen Straße aus drei Epochen in 2.000 Jahren anschaulich machen.

Auf dem Radweg an der *Landsberger Straße* bis zur Abzweigung nach **Oberottmarshausen.** „Altstraßen-Freaks", unerschrockene oder „vollgefederte" Radler biegen gleich nach 50 m rechts ab in die *Flurstraße* und nach weiteren 60 m links: auf die römische Originalroute. Diese ist allerdings gegen die B 17 neu zu (noch?) ziemlich ruppig und verkrautet. Von der Straßenbrücke aus haben wir einen sehr schönen Überblick über den Verlauf der Römerstraße, die heute im Gelände durch begleitende Telefonmasten markiert wird.

15 km **Oberottmarshausen** ❹: Die Nachbildung eines römischen Meilensteins markiert wie andernorts auch die Originalroute. Hier links ab und die Bahntrasse – 1997 noch, ein Übergang ist in Planung – östlich auf einem Feldweg umfahren. Bei schlechtem Wetter besser durch Oberottmarshausen, über den Bahnübergang südlich und den Radweg nach **Kleinaitingen;** dort Rückkehr zur Originalroute.

Immer geradeaus! – Die besonderen Merkmale einer Römerstraße am Beispiel der Via Claudia auf dem Lechfeld sind: die *Geradlinigkeit,* die weitere Orientierungshilfen überflüssig und das Übermitteln von Signalzeichen von Posten zu Posten überhaupt erst möglich machte. Die Meilensteine enthielten wohl Entfernungsangaben, dienten in erster Linie aber als Huldigungszeichen gegenüber dem Kaiser. Zur *Streckengliederung* – je Abschnitt 7 bis 8 km – orientierten sich die Straßenbauer an der durchschnittlichen Gehleistung der Reisenden in 2 Stunden und an den elementaren Bedürfnissen nach Pausen an einem Straßenposten, der oft in Form einer Karawanserei mit Turm gebaut war. Durch diese *Überschaubarkeit* hatten die Reisenden beim Abmarsch von einem Straßenposten das 2 Stunden entfernte Ziel – ohne Wegweiser – deutlich sichtbar vor Augen. Die Strecke wurde vom Postenturm aus kontrolliert, was den Reisenden Sicherheit gewährte. Die *Dammlage* und die Schotterung lassen das Regenwasser ablaufen und durchsickern, Schnee wird weggeweht, Frostaufbrüche Fehlanzeige! Der Pflegebedarf für die „strada" ist gleich Null. Zudem schont Schotter Gelenke und Bänder der Reisenden. Die Schottergruben beiderseits des Weges sind heute noch gut zu erkennen.

Die *Einspurigkeit* kostete minimalen Aufwand für Bau und Unterhaltung. Nur wenige Wagen und Karren beförderten hochrangige Personen. Die Mehrheit der Reisenden lief in Gruppen, begleitet von Lasttieren (Mulis, Esel). Die *Einheitlichkeit des Straßensystems* – gleich lange Streckenabschnitte, einheitliche Spurbreite (110 cm) und die Infrastruktur im gesamten Römerreich mit rund 100.000 km Straßen – machte ein weites Reisen überhaupt erst möglich: mit ein Grund für die römische Machtpräsenz und den kulturellen Austausch in dem antiken Weltreich.

Untermeitingen ❺: Am nördlichen Ortsrand stehen ein rekonstruierter römischer Meilenstein und eine Informationstafel – in einer der wenigen antiken Römerstraßenkarten ist ein Ort namens „Ad novas" eingetragen, dessen Lage mit der Untermeitingens identisch sein müßte. Noch konnten Archäologen diese Annahme nicht bestätigen.

26 km

Den heutigen Ort dominieren weithin sichtbar auf der Terrassenkante die barocke Pfarrkirche St. Stephan neben dem ehemaligen Schloß der Augsburger Bürgerfamilie Imhof (17./18. Jh., heute privat). Das hübsche, original rekonstruierte Imhofsche Spital beim Rathaus dient heute als lebendiges Kulturzentrum einer rasch wachsenden Wohngemeinde.

*Variante 1: Nach **Schwabmünchen** und durch die **Wertachauen** zurück nach Augsburg (30 km); in Schwabmünchen warten Museum und Galerie der Stadt mit Dokumentation römischer Töpferkunst aus „Rapis", dem römischen Vorgängerort Schwabmünchens, und seiner örtlichen Textilindustrie sowie Bildern schwäbischer Künstler, beispielsweise des „Nazarenermalers" Wagner auf (Holzheystraße 12, Mi. 14–17, So. 10–12 Uhr, Tel. 0 82 32 / 50 05 - 78).*

*Variante 2: Nach **Bad Wörishofen** (30 km) mit Anschluß an den **Zusam-Radwanderweg** (siehe Tour 10 und ADFC-Regionalkarte Tour Nr. 15); ausgeschilderte Route: Untermeitingen – Langerringen – Schwabmühlhausen – Kleinkitzighofen – Dillishausen – Türkheim – Bad Wörishofen.*

 Unsere Route verläßt nun die Via Claudia und führt auf dem Radweg östlich weiter nach

27 km **Klosterlechfeld ❻**: Die bedeutende Wallfahrtskirche **Maria Hilf**, von Regina Imhof gestiftet, von Elias Holl 1602 bis 1604 als runde Kapelle errichtet, wurde 1659 durch den Anbau des Langhauses erweitert und 1735 von dem Tiroler Baumeister Franz Kleinhans umgestaltet und mit zeittypischer Barockausstattung versehen: mit Stuck von Kaspar Feichtmayer und Fresken von Johann Lederer. Sehr schön und fotogen stehen die Kirche, das ehemalige Franziskanerkloster (1667, Feichtmayer) und der Kalvarienberg (1853/80, von Voit/Christian Hörner) nah beieinander.

30 km **Schwabstadl ❼** ist Standort des Bundeswehr-Jagdbombergeschwaders 32, das als erste Bundeswehreinheit in einem Einsatz in Bosnien die neue Rolle der Bundeswehr nach 1989 innerhalb der NATO wahrnahm. Soldaten auf dem Lechfeld, damit verbindet sich auch viel Tragik: Die historische Kriegsgräberstätte (Wegweiser) gedenkt würdevoll der mehr als 2.000 Toten aus den letzten Kriegen, die hier ihre letzte Ruhe fanden.

31 km **Beim Zollhaus am Lech ❽** (Lech-Staustufe 19) besteht die Möglichkeit zu Ponyreiten und Kutschfahrten.

*Variante 3: Auf dem **Lech-Höhenweg** zur Oskar-Weinert-Hütte und nach **Landsberg** (14 km); gleich nach der Lechbrücke nach Süden auf den unbefestigten Lechauenweg. Wegweiser leiten zur Oskar-Weinert-Hütte (NFH) hoch oben am steilen Lechufer (ggf. Rad schieben), 500 m nördlich der Hütte lockt die Schloßruine Haltenberg. Der markierte „Vor- und Frühgeschichtspfad" entlang der Lechleite leitet nach Süden. Routengleich können wir auch auf dem markierten **Lech-Höhenweg**, der wiederum identisch ist mit einem Abschnitt der Radroute der*

„Romantischen Straße" nach Kaufering, St. Leonhard, Sandau und Landsberg weiterradeln. Die vielen Routennamen und Markierungen zeigen, wie landschaftlich und kulturhistorisch anziehend dieser Abschnitt bis Landsberg (Lech-Staustufe 16) ist. Und von Landsberg nach Augsburg zurück mit der Bahn oder mit dem Rad weiter zum Ammersee (ADFC-Regionalkarte Augsburg Tour Nr. 16), kein Problem.

Mit kunsthistorisch bedeutenden Bauwerken ist **Landsberg** *gespickt: Altes Rathaus (1702/16, Dominikus Zimmermann) am Hauptplatz, Klosterkirche der Ursulininnen (1766 von Dominikus Zimmermann umgestaltet), Johanniskirche am Vorderen Anger (1754, Dominikus Zimmermann), Stadtpfarrkirche Maria Himmelfahrt (spätgotisch, Glasmalereien, „Multscher-Madonna"), doppeltürmige Heilig-Kreuz-Kirche und Jesuitenkolleg, heute Stadtmuseum, am aussichtsreichen Leitenberg. Wer die tolle Lage der Stadt schätzt: Am Lechwehr und Mühlbach-Ensemble kommt Altstadt-Flair auf, und eine Besteigung des Bayertors am höchsten Punkt (630 m) der Alten Bergstraße gewährt einen guten Rundblick.*

Auf wenig befahrenen Straßen und meist gut ausgebauten Feldwegen des altbairischen Lechrains (Wegweisung „Romantische Straße") durch

Scheuring ❾ nach   *34 km*

Prittriching ❿ mit der Kirche St. Peter und Paul (siehe Tour Nr. 11)   *40 km*
und zum

Lochbachanstich ⓫: Der heutige Lochbach folgt in seinem Lauf   *44 km*
dem historischen Lechlauf zur Römerzeit. Seit dem Mittelalter dient er nun schon als Energie- und Stromlieferant, war bis etwa 1914 zudem Floßgraben. Die Bademöglichkeit ist nur sehr guten, erfahrenen Schwimmern bei der Wasserwachtstation zu empfehlen.

Auf dem Wander- und Radweg am Lochbach – bitte vorsichtig, viele Spaziergänger! – nach Norden zur

Lech-Staustufe 23 ⓬, dem Wassersportrevier und NSG.   *48 km*
Zum Schluß entweder auf dem breiten, dammbegleitenden Wirtschaftsweg oder landschaftlich äußerst reizvoll (nur für geübte Radler) auf dem schmalen, östlichen Lechuferweg durch die Lechauen weiter zum

Weitmannsee ⓭ (Freizeitgelände und NSG),   *51 km*

Auensee ⓮ und   *53 km*

Augsburg-Kuhsee und -**Hochablaß ⓯**; Informationen zu diesem   *56 km*
Abschnitt bei Tour 6.

Die Stauden: Waldidyllen im Naturpark Augsburg – Westliche Wälder

Früher verbrachten die Fugger und ihre hohen Gäste hier ihre Sommerfrische. Heute machen radelnde Augsburger gerne und häufig Ausflüge in den Süden des Naturparks. Ursprüngliche, stille Dörfer liegen eingebettet in schmale Wiesentäler in der sonst eher weiten Waldlandschaft. Dorfkultur und Volksfrömmigkeit gelten dort wie eh und je. Und mittendrin glänzt das Kloster Oberschönenfeld mit dem Schwäbischen Volkskundemuseum und einer wunderschönen Anlage samt Biergarten. Bestens ausgeschilderte und markierte, familienfreundliche Rad- und Wanderwege eröffnen je nach Wunsch und Kondition eine Vielzahl von Tourenmöglichkeiten. Weitere Höhepunkte sind das Anhauser Tal bis Burgwalden, die Wallfahrten Waldberg und Klimmach – und für Roy-Black-Fans seine letzte Ruhestätte in Straßberg.

Start und Ziel:	Wellenburg
Streckenlänge:	49 km
Charakter:	Mittlere Beanspruchung: kurze, kräftige Anstiege, nur abschnittsweise befestigte Wege.
Wegweisung:	Stets markiert mit nebenstehendem Symbol.
Varianten:	Mehrere möglich.
Verkehrsverbindungen:	Augsburg – Bobingen – Schwabmünchen (teils halbstündlich und noch dichter, Kursbuch 987, AVV R7).
Radservice:	In Augsburg.
Einkehrmöglichkeiten:	In fast allen Orten.

Wellenburg ❶: Kaum zu sehen ist das Schloß (13. Jh.). Es wurde mehrfach umgebaut – auch von Elias Holl (1597) und Hans Georg Mozart (1704), zuletzt 1857, und ist seit 1595 in Privatbesitz der Fugger (Linie Fugger-Babenhausen). Historische Abbildungen belegen einen Weinberg am südlichen Schloßhang.

Nicht ohne Sympathie redet man hier vom **„Fugger-Ländle"**: Vor gut 400 Jahren sind die Fugger im Streit – es ging um fällige Steuerschulden – aus Augsburg ausgezogen und leben seitdem unter anderem von Forst- und Landwirtschaft vornehm-zurückhaltend, aber von der Bevölkerung hoch angesehen, auf ihren Landsitzen im Schwäbischen. Drei Familien (Fugger-Babenhausen, -Kirchberg, -Glött) teilen sich in der 18. Generation das reiche Familienerbe und leiten über jeweils einen Familienältesten das Seniorat der Fuggerschen Stiftungen, zuständig für die Fuggerei in Augsburg. Das Augsburger Haus der Fugger – „Fuggerbank" – blieb im Besitz der Babenhausener Fugger. Kein boulevardblattheischender Familienrummel, keine museale Selbstdarstellung, keine wirtschaftlichen Offenbarungseide, kein Politrummel, stille Größe, die nicht nur von der Vergangenheit lebt.

*Abstecher nach **Radegundis** (hin und zurück 2 km): Nördlich von Wellenburg stehen um die kleine, neugotische (1885) Radegundis-Kapelle ein paar Häuser und eine Gaststätte. Im Mittelalter gab es hier, einsam, am Waldrand und fern der Stadt, ein Siechenhaus, in dem Radegundis, Fuggersche Dienstmagd, selbstlos Samariterdienste leistete. Um 1290 soll sie der Legende nach auf dem Heimweg von ihren Krankendiensten von wilden Wölfen angefallen und getötet worden sein. Eine regionale Wallfahrt entwickelte sich, erforderte immer größere Kirchen. 1810 brachte ein Sturm den Bau zum Einsturz, eine gute Gelegenheit für das Haus Fugger, die Besitzer, die Gebeine der Radegundis samt der einträglichen Wallfahrt in das bis dahin sehr arme Staudendorf Waldberg (siehe unten) zu verlegen.*

 Vom Parkplatz bei der Gaststätte Wellenburg nach Westen auf guten Waldwegen, der Naturpark-Wegweisung folgend, nach

Anhausen ❷: In der barocken Pfarrkirche St. Adelgundis, 1716 von Hans Georg Mozart, Urgroßonkel von Wolfgang Amadeus, erbaut, ist ein Heiligenschrein aufbewahrt: Mittelpunkt für einen noch ungeklärten Reliquienkult (ab 1496) um die hl. Adelgundis. Anhausen ist auch Heimatort und Wohnsitz des Golfers Bernhard Langer, der als Bub Caddydienste auf dem Burgwaldener Golfplatz im Anhauser Tal verrichtete und dabei erste Golferfahrungen sammelte.

5 km

Die Tour auf einen Blick

Nr.	km	Beschreibung
1	0	**Wellenburg:** Vom Parkplatz bei der Gaststätte in westlicher Richtung auf guten Waldwegen, der Naturpark-Wegweisung folgend, nach
2	5	**Anhausen.** Bei der Pfarrkirche links ab und nach 200 m auf die markierte und ausgeschilderte Talstraße südlich ins
3	6	**Anhauser Tal** und bis
4	12	**Burgwalden:** An der „Fugger-Kirche", der Naturpark-Wegweisung folgend, erst südlich ins *Teufelstal,* dann rechts, westlich abzweigend und aufwärts zur
5	14	**Scheppacher Kapelle** mitten im Wald. Dort rechts, nach Norden und nach ca. 1,5 km an einem Wegekreuz links, nach Westen abwärts zum
6	17	**Weiherhof.** Auf der Schwarzachtal-Straße weiter südlich nach
7	19	**Döpshofen,**
8	22	**Waldberg** und
9	27	**Klimmach.** Die Ortsstraße südlich bis zum Waldrand, dort links ab und der Naturpark-Wegweisung folgend fast durchwegs durch Wald nach
10	30	**Guggenberg,**
11	32	**Reinhartshofen,**
12	39	**Straßberg.** In der Ortsmitte die *Waldstraße,* am Ortsende schräg rechts in den Wald und stets nördlich, zuletzt bergab zurück nach
13	49	**Wellenburg.**

Bei der Pfarrkirche links ab, an einer Fischzucht (Einkauf möglich) vorbei und nach 200 m auf die Burgwalder Straße , die spätere Talstraße ins

6 km **Anhauser Tal** ❸. Das liebliche, gern besuchte Wiesental mit seinen Wander- und Radwegen und den Fuggerschen Fischteichen bietet anfangs einen schönen Blick zurück auf Anhausen mit dem Zwiebelturm der „Mozart-Kirche".

Wir radeln hier in einem der beliebtesten Winkel des Naturparks. Seit 1974 ist er ausgewiesen, mißt 1.175 qkm, ist bei dünner Besiedlung (100 Einw./qkm) zu 43% von Wald bedeckt, doch auf dieser Tour könnte man den Waldanteil höher schätzen. Die eiszeitlich geprägte Landschaft vermittelt trotz der guten Erschließung durch rund 2.500 km markierte Wege u.a.m. den Eindruck von Naturnähe, Stille und Beschaulichkeit – und das nur einen „Katzensprung" von Augsburg aus.

12 km In **Burgwalden** ❹, dem beliebten Ausflugsziel mit der „Fugger"-Kirche Unsere Liebe Frau und St. Franziskus (1766) und dem erwähnten Golfplatz, weisen Naturpark-Wegweiser den Weg zuerst südlich ins *Teufelstal,* dann rechts, westlich abzweigend und ansteigend zur *Scheppacher Kapelle* und weiter zum *Weiherhof.*

14 km Die **Scheppacher Kapelle** ❺ steht als einziges Überbleibsel von einem 1864 abgegangenen Weiler mitten im Wald: abgeschieden, ideal für Muße, Andacht, Gebet, stille Gedanken, zeitloses Träumen, ein guter Platz, der Natur zu lauschen, auszuschnaufen, durchzuatmen.

Von der Kapelle etwa 1,5 km erst leicht, dann stärker auf und ab nach Norden, an einer Sechsfach-Wegekreuzung links, genau nach Westen und abwärts zum

17 km **Weiherhof** ❻, dem nächsten guten Ausflugsziel mit Gasthof und Kapelle (1738), Reitstall und Golfplatz. Hier liegt der Ursprung des Klosters Oberschönenfeld als Beginenhaus. Den Damm des ehemaligen Weihers können wir noch beim Sägewerk im Tal der Schwarzach gut erkennen.

*Abstecher zum **Kloster Oberschönenfeld** (hin und zurück 5 km): auf der Kreisstraße nördlich zur sehenswerten Klosteranlage mit Kirche, Schwäbischem Volkskundemuseum, Naturparkhaus, dem „Staudenhaus" und einem großen Spielplatz. Näheres siehe Tour 9, zu der hier gut gewechselt werden kann.*

Vom Weiherhof im Schwarzachtal auf der Kreisstraße weiter nach Süden, nach **Döpshofen**, **Waldberg** und **Klimmach**.

Die Pfarrkirche St. Martin in **Döpshofen** ❼ ist eine architektonisch und künstlerisch kunterbunte Mischung, vielleicht frei nach dem Motto: Die Kirche überdauert alle Zeiten! Mit einem Hochaltar von Franz Schmuzer (1725) aus der abgebrochenen Klosterkirche Wessobrunn, dem Ursprung des schwäbisch-bayerischen Barock, hat dieses unscheinbare Döpshofen sogar eine besondere Attraktion zu bieten. Im Ort lohnt die „Stauden-Töpferei" einen Besuch.

19 km

Waldberg ❽ – und seine Radegundis. Die unscheinbare Pfarr- und Wallfahrtskirche Sel. Radegundis ist ein Bau von 1818, mit Altären und Gemälden aus der ehemaligen Kirche Radegundis bei Wellenburg (siehe oben). Die Gebeine der seligen „Diözesanheiligen" Radegundis, deren Leben ein Gemäldezyklus in der Pfarrkirche veranschaulicht, ruhen seit 1812 in einem Glasschrein unter dem Hochaltar und sind immer noch Ziel vieler Wallfahrer, vor allem zum Radegundis-Fest, am 4. Juni-Sonntag. Die Ankunft der Fuß-Wallfahrer, die folgende Prozession, Hochamt, Jahrmarkt, Vergnügungspark und Festzeltbetrieb – alles zusammen kann uns richtigen „Schtaudelern" (= Stauden-Bewohner) näher bringen! Die Radegundis verehren auch die Bewohner der französischen Stadt Tours in Gestalt der aus dem Bayerischen stammenden Sainte Radegonde als eine ihrer großen Nationalheiligen. Die genauen Zusammenhänge dieser beiden weit auseinanderliegenden Wallfahrten sind bis heute ein Geheimnis.

22 km

Klimmach ❾: Hier wird der Zwiebelturm der Pfarr- und Wallfahrtskirche Mater Dolorosa seiner Funktion (vgl. Tour 4) gerecht. Denn der Anstieg hinauf ins Dorf zieht sich in die Länge. Doch ein paar Schweißperlen ist es wert, die großartige Kirche aufzusuchen. Der Ortsbesitzer Hans von Rechberg war 1554 von einer Palästinareise und Pilgerfahrt wohlbehalten zurückgekehrt. Er stiftete den Bau einer Kirche und kurbelte so die Wirtschaft des armen Staudendorfs an. 1708 schuf Michael Stiller aus Ettringen einen in seiner Einheitlichkeit beeindruckenden Bau mit wahrlich üppigem Stuckwerk. Und Johann I. Bergmüller ergänzte mit seinen herrlichen Altären zu einem barocken Theaterraum sondergleichen. Kaum zu glauben: Bis zu 6.000 Gläubige wallfahrteten gemeinsam in der Barockzeit zu Fuß an einem Wochenende von Augsburg aus hierher und zurück. Heute ist es still geworden in dem kleinen Staudendorf. Da hat es auch der bosnische Wallfahrtspfarrer mitsamt seinem balkanesischen Temperament nicht leicht, die Wallfahrt weiter zu beleben.

27 km

*Variante 1: **Schwabegg** – Kulturgeschichte mit Alpenkulisse (hin und zurück 10 km). Der Abstecher nach Schwabegg ist besonders für Foto-grafen bei Föhn ein Muß. Dazu kommen Keltenspuren: Auf dem Weg nach Schwabegg zweigt 200 m nach der Kreuzung bei Leuthau ein markierter Weg nach rechts ab, zu einer keltischen Viereckschanze in den Wald (Wegweiser, Informationstafel). Entweder auf demselben Weg wieder zurück oder auf einem Wiesenweg dem Oberlauf der Schwarzach folgen und, von Westen kommend, nach Schwabegg einbiegen. Dort locken der aussichtsreiche Kalvarienberg auf dem ehemaligen Burgstall (bis 1830), die Haldenburg am südlichen Ortsrand, eine ehemalige, ungarnzeitliche Fliehburg (10. Jh.), die später zu einem regionalen Adelssitz ausgebaut wurde (Infotafel, Naturlehrpfad, Übersichtskarte). Oder Sie schließen sich als Tagesgast einem Angebot der Arbeitsgemein-schaft „Urlaub im Staudenland" an – Handwerkskunst, Kulinarisches, „Heimgarten", auch Radwandern (Informationen bei Fr. Mayer, Schloß-bergstraße 26, 86830 Schwabegg, Tel. 0 82 32 / 24 23, Fax 7 50 19). Von Schwabegg wieder zurück bis an den südlichen Ortsrand von Klimmach.*

*Variante 2: Nach **Schwabmünchen** und über die **Via Claudia** zurück nach Augsburg (35 km, siehe Tour 7), Route: Schwabegg – Schwab-münchen – Untermeitingen – Königsbrunn – Augsburg.*

Auf der Hauptstrecke bei Klimmach wieder nach Norden und damit Richtung Augsburg. Dazu auf der Ortsstraße südlich bis zum Waldrand und, der Naturpark-Wegweisung folgend, nach links in den Wald. Unbefestigte, aber gut befahrbare, markierte Waldwege führen über Guggenberg, Reinhartshofen und Straßberg zurück nach Wellenburg.

30 km   **Guggenberg ❿**: Ursprünglich ein Forsthof des Bischofs von Augs-burg (1520), wurde das Gut danach mehrfach umgebaut und dient heute als privater „Herrensitz" mit einem privaten, herrlichen „Eng-lischen Garten" und weiter Aussicht ins Wertach- und Lechtal.

Die **„Westlichen Wälder"** waren seit der Blütezeit Augsburgs im 16. Jahrhundert beliebte Sommerfrische und Jagdrevier. Die Augs-burger „oberen Zehntausend" entfalteten ein fideles „Sommer-theater" im Umfeld der kleinen Schlößchen und Ansitze. Manches davon wurde zur Volkssage. Nach der Säkularisation fiel der Wald-besitz zumeist an den Bayerischen Staat, dem die heutigen Wälder als Klimaregulator, Holzlieferant und Naherholungsgebiet viel be-deuten – auch in den Zeiten „neuartiger Waldschäden".

Burgruine Hattenberg bei Schwabstadl (Tour 7)

Waldidylle im „Fuggerländle" Burgwalden (Tour 8)

Zünftige Gaudi: Musikfest in den Stauden (Tour 8)

Alpenpanorama von Schwabegg: Bellavista! (Tour 8)

Reinhartshofen ⓫ wird östlich nur gestreift – wer mag, *32 km* fährt durch den Ort und ohne zusätzliche Kilometer landschaftlich reizvoll entlang der Reinhartshofer Weiher (Bademöglichkeit) nach **Reinhartshausen,** der Rokoko-Kirche von Dossenberger wegen, und über **Burgwalden** nach **Straßberg.**

Den Friedhof von **Straßberg** ⓬ kennen wahre, leidenschaftliche *39 km* Roy-Black-Fans: Sein Grab (Gerd Höllerich, † 9. 10. 1991) ist mit stets frischem Blumenschmuck geschmückt.

In der Ortsmitte die Waldstraße, am Ortsende schräg rechts in den Wald und stets nördlich, mit mehrmaligem leichtem Richtungswechsel, zuletzt bergab zurück nach

Wellenburg ⓭. *49 km*

Der „Schwäbische Mozartwinkel" um Fischach

Die bäuerlichen Ahnen von Wolfgang Amadeus Mozart stammen wahrscheinlich aus Fischach-Heimberg in den Stauden. Insgesamt lebten hier in nahem Umkreis nachgewiesenermaßen 600 Familien namens Mozart. Da sind die Leute mächtig stolz auf ihren großen Sohn – ein bißchen Mozartblut pulsiert doch in jedem von ihnen. Sie spüren es bei den gemeinsamen, musikalisch umrahmten Dorffesten. Jedes Wochenende wird irgendwo irgendwas gefeiert. Und was das Radeln anbetrifft: viele markierte, mäßig wellige Waldwege und verkehrsarme Nebenstraßen laden ein, von den guten Ausflugsgaststätten ganz zu schweigen.

Start und Ziel:	*Wellenburg*
Streckenlänge:	*46 km*
Charakter:	*Mittlere Beanspruchung: kurze, kräftige Anstiege, etwa zur Hälfte befestigte Wege.*
Wegweisung:	*Durchwegs markiert mit nebenstehendem Symbol.*
Varianten:	*Mehrere möglich.*
Verkehrsverbindungen:	*Augsburg – Gessertshausen – Dinkelscherben mit Regionalzügen der Deutschen Bahn (in der Regel stündlich, Kursbuch 981, AVV R6).*
Radservice:	*Augsburg, Fischach (siehe Gelbe Seiten im Telefonbuch).*
Einkehrmöglichkeiten:	*In fast allen Orten.*

*(Anfahrts-)Variante 1: Von **Augsburg** über Mozarts **Leitershofen** und Radegundis nach Wellenburg: Vom Zentrum Augsburgs auf der Augsburger Straße nach Pfersee (Kirche St. Michael von Hans Georg Mozart) und auf der Leitershofer Straße ins Zentrum von Leitershofen. Auf der Hauptstraße bis zur Ampel und nach links in die Radegundisstraße, von Radegundis (siehe Tour 8) dann in wenigen Minuten nach Wellenburg.*

Wo stand die Wiege der Mozarts? – In mehreren Orten streitet man sich, hier und nirgends anders sei der erste aus der berühmten Musikerfamilie, in der es stets viele Handwerker gab, zur Welt gekommen. Muttershofen bei Ziemetshausen setzte den Mozarts 1991 eine Linde. Fischach nennt den 1331 dort lebenden Heinrich Motzhart, dessen Verwandtschaft aber ungeklärt ist. Und im Fischacher Ortsteil Heimberg verweist die Bäuerin des „Mozarthofs" stolz auf den Beinamen „Heimberger" der ersten Leitershofer Mozarts. Historisch belegt ist Hanns Motzhart aus Leitershofen (vor 1504 bis ca. 1569) als erster urkundlich nachweisbarer direkter Vorfahre von Wolfgang Amadeus Mozart. Zu Recht trägt also Haus Nr. 1 in der Leitershofer *Weidenstraße* eine Gedenktafel. Und wer die Leitershofer Musikanten und Sänger bei ihren Auftritten hört, der glaubt's denn auch ohne wissenschaftlichen Beleg.

 Von **Wellenburg ❶** wie bei Tour 8 (siehe dort) die ersten Kilometer über **Anhausen ❷** ins

Anhauser Tal ❸.   *6 km*

Drüben in Leitershofen leben noch zahlreiche Nachfahren von Wolfgang Amadeus, so auch der Seitz Max. Handwerksberufe hatten fast alle Mozarts, und früher betrieben sie nebenbei eine kleine Sölde, ein landwirtschaftliches Anwesen zum Lehen. Der bekannteste unter ihnen war der Uronkel von Wolfgang Amadeus: Hans Georg Mozart (1647–1719), seines Zeichens Werkmeister des Augsburger Domkapitels. Er hat beachtliche barocke Bauten erstellt, so St. Michael in Augsburg-Pfersee (1685), das Bräuhaus in Stadtbergen, St. Blasius in Hirblingen und eben St. Adelgundis in Anhausen (1708–1716).

Nach etwa 2 km im Anhauser Tal rechts ab (Wegweiser) Richtung Oberschönenfeld, rund 2 km leicht bergauf durch den Wald, an einer Wegkreuzung im spitzen Winkel nach rechts, nach etwa 700 m links und kurz steil bergab zum

Die Tour auf einen Blick

Nr.	km	Beschreibung
1	0	**Wellenburg:** Vom Parkplatz bei der Gaststätte in westlicher Richtung auf guten Waldwegen, der Naturpark-Wegweisung folgend, nach
2	5	**Anhausen.** Bei der Pfarrkirche links ab und nach 200 m auf die markierte und ausgeschilderte Talstraße südlich ins
3	6	**Anhauser Tal.** Nach ca. 2 km im Tal rechts ab (Wegweiser) Richtung Oberschönenfeld, ca. 2 km leicht bergauf durch den Wald, an einer Wegkreuzung im spitzen Winkel nach rechts, nach ca. 700 m links und bergab zum
4	11	**Kloster Oberschönenfeld.** Weiter auf der Kreisstraße ca. 2 km südlich, scharf rechts ab auf die leicht ansteigende Straße nach Margertshausen. Abkürzung mit einem stabilen Rad: den Feldweg von der Klosterwirtschaft westlich durch die Wiesen direkt nach
5	14	**Margertshausen.** Am nördlichen Ortsrand, Staudenbahn und Schmutter querend, auf wenig befahrenen Straßen weiter nach
6	15	**Wollishausen,** mit der Dossenberger-Kirche,
7	18	**Reitenbuch,**
8	20	**Aretsried,** dort links auf eine Nebenstraße nach
9	21	**Heimberg,** mit dem anzunehmenden Stammhaus der Familie Mo(t)z(h)art, und nach
10	24	**Fischach.** Bei der Kirche (Wegweiser) westlich Richtung Schule, über die Schmutter, vor der Schule gleich links und auf einem befestigten Wiesenweg an der Schmutter entlang nach
11	25	**Willmatshofen.** In den Ort, die Hauptstraße rechts, nach 200 m links ab und erst steil bergauf, dann leicht bergab nach
12	27	**Itzlishofen.** Dort links und generell nordöstlich, der Naturpark-Wegweisung folgend, auf unbefestigten Waldwegen mit z.T. kurzen, steilen Anstiegen, zuletzt bergab zum
13	32	**Weiherhof.** Weiter auf der Kreisstraße nach Oberschönenfeld und auf der gleichen Route wie beim Hinweg wieder zurück:
14	35	**Oberschönenfeld,**
15	41	**Anhausen,**
16	46	**Wellenburg.**

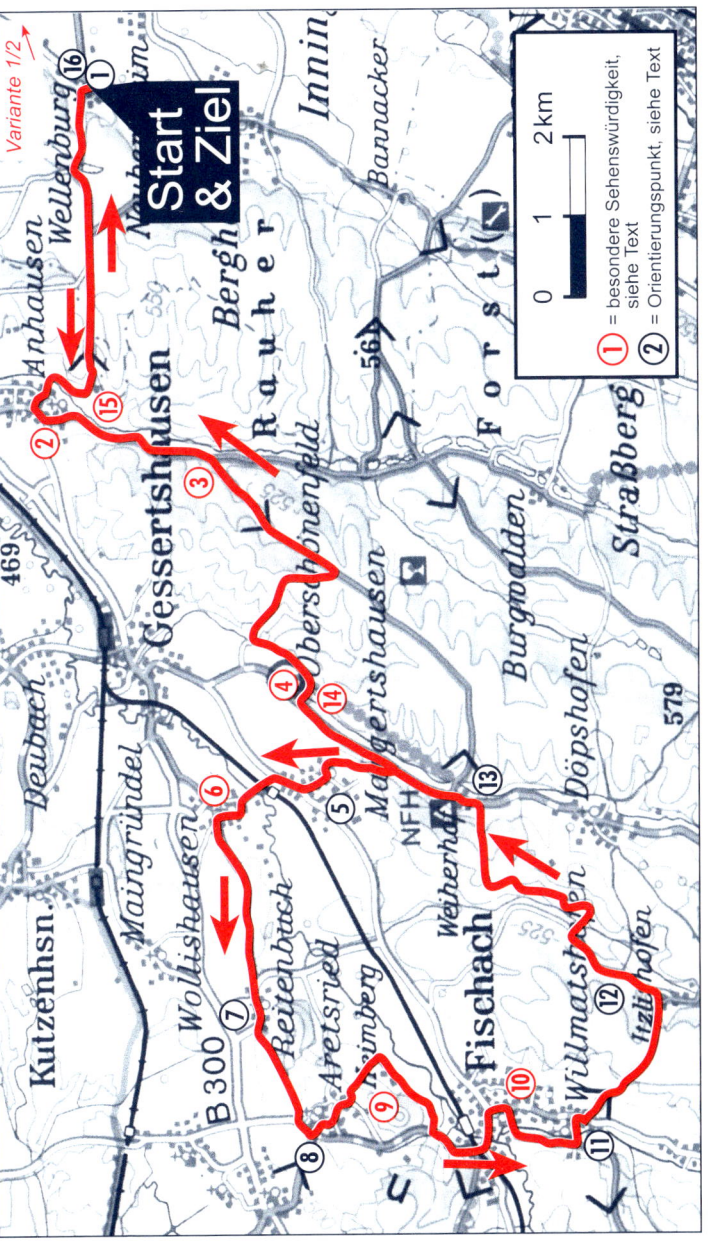

11 km   **Kloster Oberschönenfeld** ❹. Im stillen Schwarzachtal liegt ein wenig versteckt das älteste Zisterzienserinnenkloster Deutschlands von 1211. Beeindruckend die barocke Klosterkirche des Vorarlberger Baumeisters Franz II. Beer (1723) mit ihrer Rokoko-Ausstattung von Joseph Mages und J. A. Huber (Fresken, 1771). Selbst flüchtige Besucher dürften von der Wirkung der Anlage – im Sinne des Bernhard von Clairvaux – viel mitbekommen, besonders wenn sie sich zur Gebetszeit in der Kirche aufhalten, denn die Nonnen sind nur zu hören, ein Lettner entzieht sie den Blicken.

In den umgestalteten Wirtschaftsgebäuden des Klosters befinden sich das **Schwäbische Volkskundemuseum** mit dem dazugehörigen strohgedeckten „Staudenhaus" und das Naturmuseum **„Naturpark-Haus",** in dem auch ein anschauliches Landschaftsmodell (vgl. Tour 2 „Oben – unten") steht (beide Museen Di.–Do. und Sa./So. 10–17 Uhr, beachtenswerte Sonderausstellungen, Gruppenführungen, Tel. 0 82 38 / 20 02). In einem Klosterladen werden Devotionalien und religiöse Literatur verkauft, in einem anderen Eier und von Klosterfrauen selbstgebackenes Holzofenbrot (Mo.–Fr. 9–11.30 und 15–17.30, Sa. 9–13 Uhr, Tel. 0 82 38 / 18 40). Außerdem laden Gasthaus, Biergarten, Spielplatz, Grillplatz und Rastanlage zum Verweilen.

Auf der Kreisstraße nun am Klosterteich vorbei, 2 km südlich, dann scharf rechts und leicht ansteigend auf der Straße nach Margertshausen. Mit einem stabilen Rad kann man bei gutem Wetter den Feldweg von der Klosterwirtschaft westlich durch die Wiesen als kurzweilige Abkürzung nehmen. Beide Routen führen über eine Anhöhe. Der Blick zurück zeigt das Kloster in seiner „zisterziensischen" Landschaft, der nach vorn die Weite der Reischenau.

14 km   In **Margertshausen** ❺ am nördlichen Ortsrand über die Bahn (Vorsicht, ab und zu Güterzug!) und die Schmutter. Wenig befahrene, ausgeschilderte Nebenstraßen führen über **Wollishausen, Reitenbuch, Aretsried** und **Heimberg** nach **Fischach.**

Auf der **Staudenbahn,** der Nebenstrecke von Gessertshausen durch die Stauden nach Türkheim, fährt längst kein Personenzug mehr, selten noch ein Güterzug bis Fischach. Ursprünglich war die Strecke von adeligen Grundbesitzern und Fischacher Juden zur wirtschaftlichen Erschließung der Stauden, für Holz- und Viehtransporte finanziert worden.

St. Peter und Paul in **Wollishausen** ❻ – außen schön bunt – ist ein *15 km* rechter Farbtupfer in der Landschaft, erbaut von den Brüdern Dossenberger im Auftrag des Klosters Oberschönenfeld. Über die Barock- und Rokoko-Baukunst von Vater und Söhnen Dossenberger lesen Sie mehr bei der Tour 4.

 Mit leichten Steigungen, vielen ebenen Abschnitten und ebenso sanften Abfahrten erreichen wir nacheinander:

Reitenbuch ❼ und *18 km*

Aretsried ❽, wo wir angesichts des Müller-Milch-Werks (über *20 km* 1.000 Mitarbeiter, Fabrikverkauf Mo., Mi., Do., Fr. 14–17 Uhr) links ab in die Nebenstraße Richtung Heimberg biegen.

„**Allgäuer Milch**" aus Aretsried? – Stimmt! Auch wenn der politische Landkreis Unterallgäu erst weiter südlich beim Staudenort Markt Wald anfängt und das geographische Allgäu mit den eiszeitlichen Endmoränen bei Kaufbeuren beginnt, reicht doch das Milchwirtschaftsgebiet „Allgäu" zwischen Lech und Iller bis zur Donau. Die gesamte hier verarbeitete, also industriell veredelte Milch darf unter dem image- und damit verkaufsfördernden Begriff „Allgäuer Milch" vermarktet werden. Wie wär's daraufhin mal wieder mit einem Schluck originaler Bauernmilch? Fragen Sie danach auf Ihrer Radltour!

In **Heimberg** ❾ ist Haus Nr. 6 der bereits erwähnte „Mozarthof" *21 km* (Informationstafel). 1486 wurde der Hof an Ändris Motzhart d. J. verpachtet, höchstwahrscheinlich der „Ur-Vater" der Mozart-Sippe.

Fischach ❿ ist der Hauptort in der „Erholungslandschaft Stauden". *24 km* Die Ringwallanlage Buschelberg mit jungsteinzeitlichen und mittelalterlichen Geländespuren belegt eine lange Siedlungstradition. Schauen Sie sich auch einmal die Pfarrkirche St. Michael von Joseph Meitinger aus Ustersbach mit schöner barocker Innenausstattung von Martin Kuen aus Weißenhorn (1753) an. Oder folgen Sie jüdischen Spuren: in der „Judengasse" nördlich der Kirche mit Gebäuden in ehemals jüdischem Besitz (die bunt bemalte Laubhütte der jüdischen Gemeinde steht heute im Museum für jüdische Diaspora in Tel Aviv) oder auf dem Judenfriedhof (östlich Richtung Kohlberg, Schlüssel im Rathaus).

Wie kamen die **Stauden** eigentlich zu ihrem Namen? – Die im 19. Jahrhundert übliche Form der Waldweide hatte dem Wald schwer zugesetzt und die meisten Bäume zu kümmerlichen Stauden gestutzt. Der Name ist geblieben, auch wenn der Wald jetzt wieder anders aussieht, indes neuen Bedrohungen ausgesetzt ist.

Bei der Fischacher Kirche (Wegweiser) westlich Richtung Schule, über die Schmutter, vor der Schule gleich links und auf einem guten Wiesenweg an der Schmutter entlang nach

25 km   **Willmatshofen** ⓫. Hinein in den Ort, dort rechts auf die Hauptstraße, nur gut 100 m weiter südlich dann links ab (Wegweiser) und auf guter Straße zunächst kräftig bergauf, später leicht bergab nach

27 km   **Itzlishofen** ⓬, das da inmitten weiter Wälder auf einer kleinen Lichtung liegt. – Und mittendrin „'s Vögele", so heißt der Wirt im allgemeinen, dessen Selbstgemetzgertes sich bestens eignet, daß wir hier eine Hausmacher-Brotzeit einlegen.

In Itzlishofen links und generell nordöstlich, der Naturpark-Wegweisung folgend, auf unbefestigten Waldwegen mit teils kurzen, steilen Anstiegen, zuletzt bergab zum

32 km   **Weiherhof** ⓭. Weiter auf der Kreisstraße nach Oberschönenfeld und auf derselben Route wie beim Hinweg wieder zurück:

35 km   **Oberschönenfeld** ⓮,

41 km   **Anhausen** ⓯,

46 km   **Wellenburg** ⓰.

Östlich Oberschönenfeld der **Große Wald,** südlich Anhausen und Wellenburg der **Rauhe Forst:** Sie sind beides Teile der Westlichen Wälder, tragen große, dichte Nadelwälder, die zumeist in Fuggerschem Besitz sind. An höhere Niederschläge (ca. 1.000 mm im Jahr) gewöhnt, bildet der Rauhe Forst dank vorherrschender Südwestwinde die „grüne Lunge" für die Großstadt.

*Variante 2: Über **Gessertshausen** sonniger und weniger bergig zurück nach Augsburg oder Wellenburg (19 km); ausgeschilderte Wiesenwege und wenig befahrene Nebenstraßen führen von Oberschönenfeld nach Gessertshausen (Bahnanschluß) – Deubach – Hausen – Oggenhof – Diedorf – Biburg – Sandberg – Steppach – Stadtbergen – Augsburg oder Wellenburg (vgl. auch Tour 2).*

Zusam-Radwanderweg: von Bad Wörishofen nach Donauwörth oder Dillingen

Wo der junge schwäbische Theologiestudent Sebastian Kneipp sein Schlüsselerlebnis mit der Heilkraft des Wasser hatte, in Dillingen, endet eine Route des Zusam-Radwanderweges. Der Weg beginnt in Bad Wörishofen, dem Mekka der Kneipp-Kur heute. Dazwischen leitet uns das Wasser der Zusam auf einem eigens markierten Radweg, stets leicht abfallend, durch eines der schönsten Wiesentäler des Alpenvorlandes. Bayerisch-schwäbische Radlerlust! Darüber hinaus stellt der Zusam-Radwanderweg die ideale Verbindung zwischen dem Donau-Radwanderweg im Norden und den Radwegen im Augsburger Raum dar, ebenso mit den vielen Radrouten im Allgäu und in der Ammersee-Lech-Region.

Start:	Bad Wörishofen
Ziele:	Donauwörth und Dillingen.
Streckenlänge:	104 km bis Donauwörth, 92 km bis Dillingen.
Charakter:	Leicht, aber sehr lang; 1 kräftiger Aufstieg von Tussenhausen nach Markt Wald (über 100 Höhenmeter), sonst fast durchweg ebene oder leicht abfallende Strecke. In der Gegenrichtung – optimal bei Nordwind – geht es dafür stets der Sonne entgegen.
Wegweisung:	Auf ausgeschilderten, verkehrsarmen Nebenstraßen oder landwirtschaftlichen Wegen, teilweise mit nebenstehendem Symbol markiert.
Varianten:	Viele Abkürzungen und Kombinationen möglich.
Verkehrsverbindungen:	Alle Ausgangs- und Endpunkte sind mit der Deutschen Bahn gut erreichbar (Kursbuch 971, 973, 980, 981, 982, 987, 993). Ab Dinkelscherben Abkürzung mit der AVV-Regionalbahn 6 möglich.
Radservice:	In allen größeren Orten entlang der Strecke.
Einkehrmöglichkeiten:	In allen größeren Orten.

Die Tour auf einen Blick

Nr.	km	Beschreibung
1	0	**Bad Wörishofen:** Vom Bahnhof auf der *Bahnhofstraße* westlich zur *Hahnenfeldstraße* und auf dem bezeichneten Radwanderweg nach
2	5	**Kirchdorf,**
3	7	**Oberrammingen,**
4	8	**Unterrammingen,** alle drei jeweils mit sehenswerter Barockkirche, und
5	12	**Tussenhausen.** Entweder wie bezeichnet auf anfangs steilem, unbefestigtem Weg über **Angelberg, Adlerkeller, Ziegelstadel** nach **Markt Wald** und **Bürgle** oder (Vorsicht!) auf der zeitweise etwas stärker befahrenen Kreisstraße direkt nach
6	17	**Markt Wald.** Vom Zentrum auf der *Bürglestraße* zum
7	18	**Bürgle** und auf der Zusamtalstraße über
8	21	**Immelstetten,**
9	24	**Könghausen,**
10	28	**Obergessertshausen,**
11	30	**Aichen** bis
12	32	**Memmenhausen.** Bei der Kirche rechts ab Richtung Bauhofen und weiter bezeichnet nach
13	37	**Maria Vesperbild** und **Schloßpark Seifriedsberg.** Von Maria Vesperbild auf alleegesäumtem Radweg nach
14	38	**Ziemetshausen.** Im Ort über die Bahn, rechts ab, ausgeschildert und markiert auf kleinen Wegen und Straßen über
15	42	**Uttenhofen,**
16	44	**Reischenau,**
17	47	**Siefenwang** nach
18	49	**Dinkelscherben** mit Burgberg, Bad, Heimatmuseum (und Bahnhof oder Anschluß der Tour 2 Ri. Neusäß – Augsburg). Vom Zentrum die *Bahnhofstraße* südlich, nach etwa 300 m rechts ab, weiter den bezeichneten Zusam-Radwanderweg und wie bei Tour 2 auf Nebenstraßen über
19	52	**Fleinhausen** und
20	54,5	**Gabelbach** nach
21	58	**Zusmarshausen** (ebenfalls Abkürzung Ri. Neusäß-Augsburg). Weiter wie bei Tour 3, aber entgegengesetzt, über
22	60	**Wollbach,**
23	66	**Violau,** mit der Wallfahrtskirche, nach
24	68	**Altenmünster.** Entweder auf Sebastian Kneipps Spuren über Hennhofen – Altenbaindt – Holzheim und durch das Donauried nach
32	92	**Dillingen** (siehe Variante 5) oder auf der Zusamtal-Radwanderweg-Originalroute fast völlig eben dahin über
25	71	**Zusamzell,**
26	73	**Hegnenbach,**
27	74	**Rischgau**(-Zusamaltheim – Roggden) nach
28	82	**Wertingen.** Auf einem neuen, bezeichneten Radweg vom Zentrum aus nördlich nach
29	87	**Unterthürheim**(–Buttenwiesen),
30	89	**Pfaffenhofen** und über verschiedene Einödhöfe (Schwaigen) durch das Donauried über **Zusum** bis
31	104	**Donauwörth.**

Bad Wörishofen – Original Kneipp ❶: Aktueller denn je ist Sebastian Kneipps ganzheitliche Lehre von den fünf Elementen! Wasseranwendung, Naturarznei, gesunde Ernährung, Bewegung, Ordnung im Alltagsleben befördern die Gesundheit und stehen im Mittelpunkt der Kneippkur, die Kneipp als Pfarrer und „Wunderdoktor" von 1855 bis 1897 in Bad Wörishofen entwickelte. Kneippen und Radeln ist heutzutage im Sinne Kneipps die ideale Verbindung! Entsprechend groß ist die Zahl der ausgeschilderten Radwege in dem Kurort und seiner Umgebung.

In Bad Wörishofen selbst lohnen immer einen Besuch: das **Sebastian-Kneipp-Museum** im Dominikanerinnenkloster, Klosterhof 1, Eingang Schulstraße, Tel. 0 82 47 / 96 90 39. Die Vierflügelanlage des Klosters stammt vom Vorarlberger Baumeister Franz II. Beer (1723). Sebastian Kneipp war hier Beichtvater und von 1881 an Pfarrer. Die barocke **Klosterkirche Maria Königin der Engel** von 1722, mit dem Stuck von Dominikus Zimmermann und Fresken von Johann Baptist Zimmermann zeigt sich rundum gelungen. Der **Kurpark mit Aroma- und Duftgarten** wird ohne Rad besucht.

Vom Bahnhof in Bad Wörishofen auf der *Bahnhofstraße* westlich zur *Hahnenfeldstraße* und auf dem bezeichneten Radwanderweg stets nördlich weiter nach

Kirchdorf ❷: Die Dorfkirche St. Stephanus mit sehenswerten Deckenfresken (1753) von Johann Baptist Enderle aus Donauwörth (vgl. Tour 4) inmitten reicher Rocaillestukkaturen ist die erste von drei unmittelbar benachbarten schönen Kirchen. – Vielleicht lockt auch der große Freizeitpark (9 – 18 Uhr).   *5 km*

Oberrammingen ❸: die Kirche Unserer Lieben Frau (1766) – das Pendant zur Kirchdorfer Kirche.   *7 km*

Unterrammingen ❹: St. Magnus von Michael Stiller (1768) ist die dritte Kirche, gestaltet von denselben Künstlern, in etwa zur gleichen Zeit. Ein Vergleich lohnt!   *8 km*

Variante 1: Nach **Türkheim** *zu den* „**Sieben Schwaben**" *(19 km); vom* **Bad Wörishofer** *Bahnhof aus östlich ausgeschildert durch die* „*Gartenstadt*" *zum Wörishofer See und an der Wertach entlang nach* **Türkheim** *– oder auch von* **Unterrammingen** *auf bezeichneter Route östlich, dann weiter nach* **Tussenhausen.**

Türkheim hat manches zu bieten: Das **Ludwigstor** *wurde 1829 anläßlich eines Besuchs des Bayernkönigs Ludwig I. (Initialen) eigens errichtet. Daneben steht das barocke* **Residenzschloß** *(heute Rathaus und*

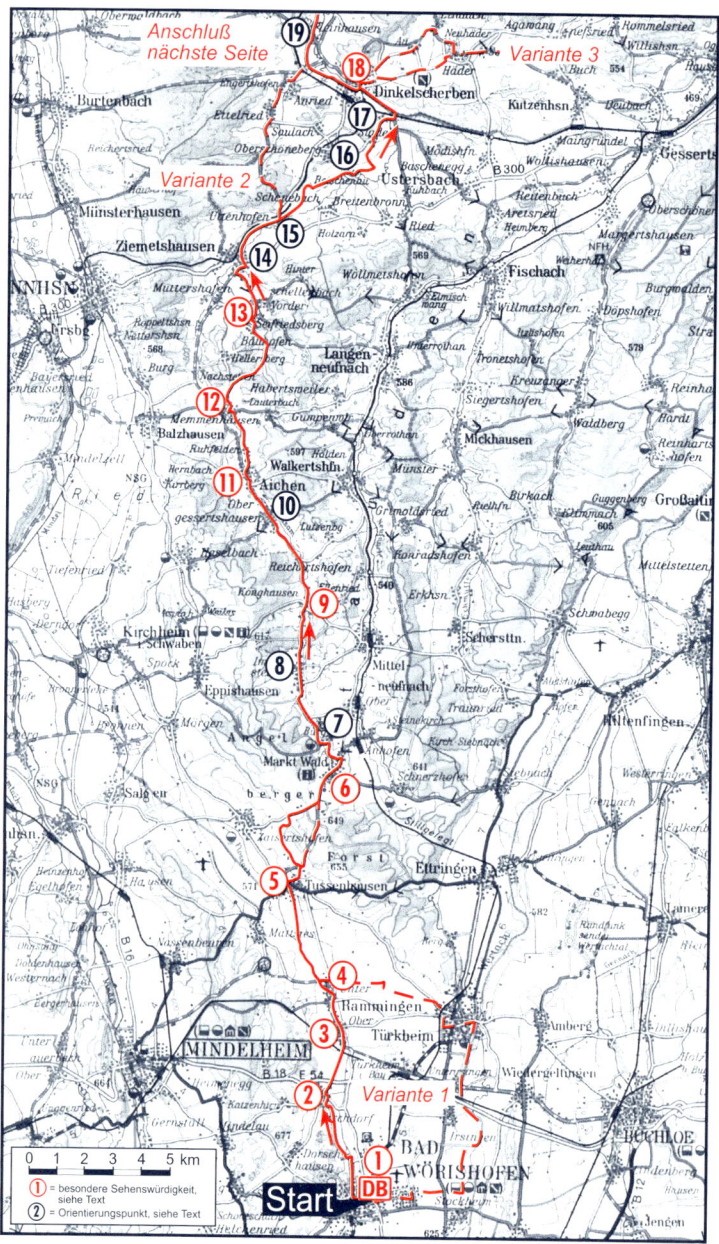

Anschluß
nächste Seite

Variante 3

Variante 2

Variante 1

Start

0 1 2 3 4 5 km

① = besondere Sehenswürdigkeit,
  siehe Text
② = Orientierungspunkt, siehe Text

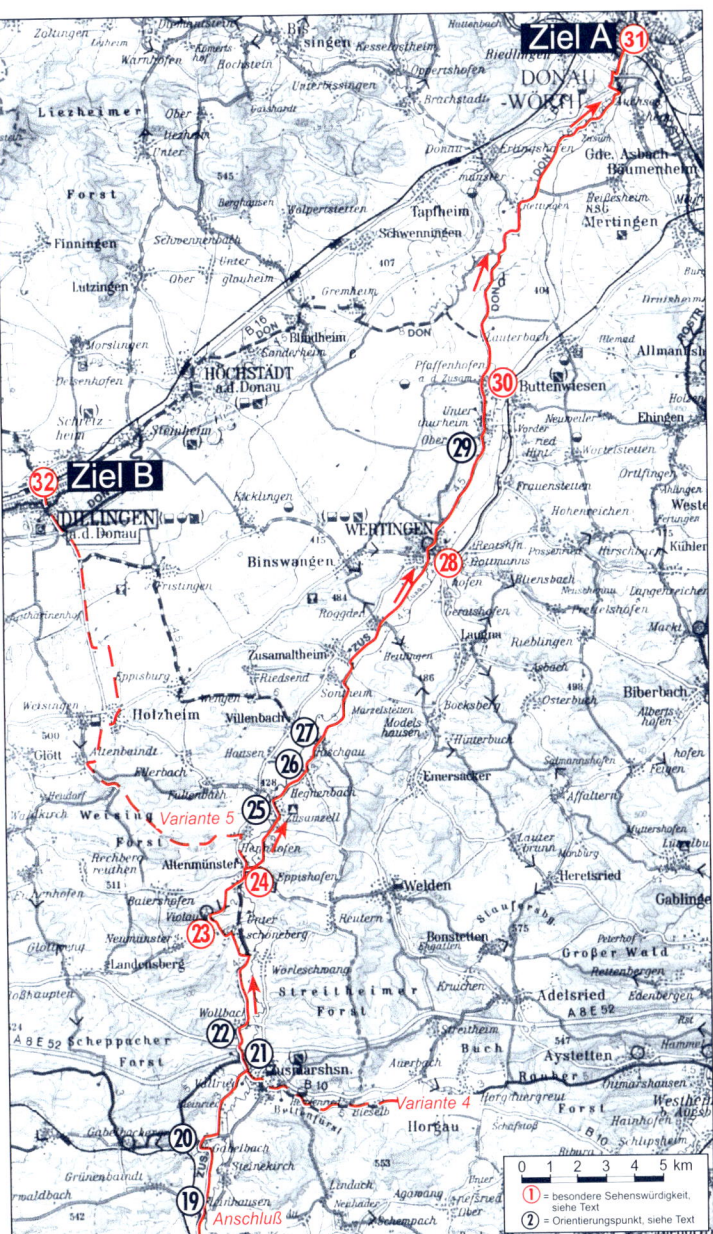

„*Sieben-Schwaben-Museum*"). Aus Türkheim stammt Ludwig Auerbacher (1784–1847), der humorvolle Autor der berühmten „Sieben Schwaben" und ihrer seltsam-originellen Abenteuer – ein schwäbisches Volksbuch! Auf der gegenüberliegenden, östlichen Torseite wartet das ehemalige Kloster der Kapuziner mit einer schönen, barocken **Klosterkirche** von Matthias Stiller auf. 500 m nördlich steht die herrliche **Barockkirche Mariä Himmelfahrt** des Wessobrunner Baumeisters Johann Schmuzer (1678) mit Umbauten von Michael Stiller (1732) und einer eindrucksvollen, barocken Ausgestaltung.

Der **Ludwigsberg** am nördlichen Ortsrand ist der letzte Rest einer noch 623 m hohen, rißeiszeitlichen Endmoräne mit einer keltischen Viereckschanze, in die originellerweise ein Fußballplatz hineingebaut wurde. Schöne Aussicht, bei klarem Wetter auf das gesamte Alpenpanorama!

Die „**Sieben-Schwaben-Tour**": Rings um den Naturpark Augsburg – Westliche Wälder führt dieser neue, komplett ausgeschilderte und markierte Radwanderweg auf einer nahezu ebenen, 220 km langen Strecke (Prospekt beim Naturparkverein, siehe auch ADFC-Regionalkarte Augsburg).

12 km **Tussenhausen ❺**: Die barocke Kapelle Unsere Liebe Frau am südwestlichen Ortsrand ist ebenso das Werk Matthias Stillers wie die Pfarrkirche St. Martin. Beide glänzen durch reichen Stuck und mit ihrer gesamten Ausgestaltung.

Bei der Pfarrkirche rechts in die *Türkheimer Straße* und nach 300 m links ab in den *Döbeleweg*. Der bezeichnete, steile Radweg auf den *Angelberg* und am *Adlerkeller* vorbei nach **Ziegelstadel** und **Markt Wald** mit herrlicher Aussicht auf Mindeltal (und bei klarem Wetter die Alpen) war 1997 in sehr schlechtem Zustand. Als Alternative bietet sich die 2 km kürzere, allerdings (Vorsicht!) zeitweise etwas stärker befahrene Kreisstraße an.

Auch die westliche Umfahrung von Markt Wald auf der in der ADFC-Regionalkarte Augsburg als „ZUS" eingetragenen Route befand sich 1997 nach Forstarbeiten in schlechtem Zustand. Also alternativ auch hier auf der Kreisstraße bleiben und durch Markt Wald Richtung Bürgle (Wegweiser).

17 km **Markt Wald ❻**: Das Schloß (1748) dient heute als Fuggersches Forsthaus der Fugger-Babenhausen. Wie das Schloß stammt die Kirche Mariä Himmelfahrt von Michael Stiller.

Ländlich Kneippen in Markt Wald kann man dank Jakob Settele (1898–1983), einem Markt Walder Original. Er machte in den 60er Jahren aus dem südlichsten Staudendorf ein ländliches Kneippbad mit reicher Gästeschar aus dem Rheinland und einem höchst lebendigen Dorfleben. An ihn erinnert der „Jakobsbrunnen" (Kneippsche Armbad-Möglichkeit) auf dem Weg zum Bürgle. Die Kneippanlage (Wegweiser: am südlichen Ortsrand ca. 300 m westlich) existiert noch, doch die Gäste sind nach dem Tod Setteles etwas weniger geworden.

Abstecher lohnen auch der *Schnerzhofer Weiher* östlich von Markt Wald (Bademöglichkeit) und die *Zusamquelle* (Informationstafel) bei dem Funkturm. Dazu von der *Zaisertshofer Straße* nach 50 m rechts in den Wald abbiegen (Wegweiser) oder bereits auf der Fahrt von Tussenhausen her den kleinen Umweg machen.

Zusam, „die Ruhige" nannten bereits die Kelten den 76 km langen Fluß. So wie er zwischen den Wiesen fließt, stimmt das auch. Von ihrer Quelle bei Markt Wald fällt die Zusam von 630 m auf 398 m bis zur Mündung in die Donau bei Nordheim unterhalb von Donauwörth. Die Zusam ist ein Mühlenbach. Um 1900 existierten 32 Mühlen an ihrem Lauf, heute arbeiten noch 6 Getreidemühlen.

Der **Zusam-Radwanderweg** drängte sich angesichts dieser sanften Topographie geradezu auf. 1989 gebar der damalige Dinkelscherbener Bürgermeister Eser zusammen mit Helfern die Idee, Straßen und Feldwege entlang der Zusam zum „Zusamtal-Radweg" (Markt Wald – Donauwörth) zusammenzuführen. 1998 wird dieser flußbegleitende Radweg erweitert: im Norden um einen Anschluß an den Donau-Radwanderweg in Dillingen und im Süden bis nach Bad Wörishofen. Die Route wurde in beide Fahrtrichtungen mustergültig markiert und beschildert. Eine eigene Radwanderkarte ist dazu bei den Fremdenverkehrsstellen und den Gemeindeämtern erhältlich, ein Prospekt des Naturparkvereins in Vorbereitung.

Vom Zentrum in Markt Wald auf der *Bürglestraße* zum Bürgle und auf der Zusamtalstraße durch mehrere Orte weiter bis **Memmenhausen.**

Zunächst zum **Bürgle** ❼, Jakob Setteles Lebenswerk, dem Erholungsgebiet mit Camping, Badeweiher, Einkehr- und Kneippmöglichkeit.

18 km

Belvedere! Ein Abstecher zum **Christoph-Scheiner-Aussichtsturm** *(hin und zurück 2 km); dazu 1 km nördlich des Badeweihers Bürgle rechts ab (Wegweiser), 800 m kräftig ansteigend Richtung Oberneufnach. Der Turm bietet eine schöne Aussicht auf die gesamten oberen Stauden. Sein Name erinnert an den naturforschenden Jesuiten Christoph Scheiner (1575–1650) aus Markt Wald.*

21 km   In **Immelstetten ❽** steht die schöne Pfarrkirche St. Vitus. Auf dem Friedhof ruht Johann Mozart, geboren 1790, ein Jahr vor dem Tod von Wolfgang Amadeus, einer der rund 600 Mozarts hier (vgl. Tour 9).

24 km   **Könghausen ❾**: Schöner kann man einen Ort nicht zu Füßen einer barocken Kirche (St. Johannes Baptist) in die Zusamtaler Landschaft hineinkomponieren.

Es grünt so grün … im schwäbisch-bayerischen Alpenvorland, auch hier im Zusamtal, in einem Farbenspiel ohnegleichen. Grün hat ja für jeden Menschen eine andere Bedeutung. Dem Landwirt beispielsweise dient das „Grün" als wertvolles Viehfutter, Förstern und Waldbesitzern gilt ihr waldgrünes „Holz" als Kapital, der Planer sieht mehr das gestaltete Landschaftsgrün, der Wahrnehmungspsychologe entschlüsselt analytisch die beruhigende Wirkung auf das Gemüt. Halten wir es vielleicht noch mit den Landschaftsmalern und Fotografen: Sie sehen ungeheuer viele Grüntöne, die sich nach Tages- und Jahreszeit verschieden, jeweils neu mischen. Gute Aussichten, dies nachzuvollziehen, bestehen an einem windigen Junitag. Brisen und Böen streichen dann über das Grün noch unreifer Getreidefelder und verleihen ein und derselben Stelle innerhalb weniger Augenblicke eine ganz andere Tönung. Auch dazu dient eine Radtour in solch einem abwechslungsreichen Wiesental, die Muße und das ruhige Sehen neu zu entdecken.

28 km   **Obergessertshausen ❿**: Barock und originell, die Kirche St. Peter und Paul, ein kleines Kirchlein, zwei grundverschiedene Türme! Für jeden Kirchenpatron einen? Oder nicht? – Schauen Sie einmal genau hin! Der kleine Turm steht schief, oder „schepps", wie man hier sagt. Als man ehedem eine neue Glocke darin aufhängen wollte, traute seiner Statik niemand mehr. Also mußte ein neuer Turm her. Und der steht kerzengerade, wie halt ein barocker Zwiebelturm stehen soll (vgl. Tour 4).

30 km   **Aichen ⓫**: Er muß ein echter Schwabe und ein tüchtiger Kunsthandwerker gewesen sein, der Baumeister Michael Stiller aus Ettringen. „Schaffe, schaffe, Kircha baua"! Kaum ein Ort entlang unserer Route, wo er nicht die barocke Dorfkirche gebaut hat. Und wie stilecht und stimmig! Auch hier, St. Ulrich (1727), ein Blick genügt! Und ihre Muße dazu, diese großartige Handwerkskunst auf sich wirken zu lassen.

Barocke Pracht: Putto in Dietkirch (Tour 9)

Frühlingserwachen im Schmuttertal bei Dietkirch (Tour 9)

Schloß Wertingen, heute Rathaus und Heimatmuseum (Tour 10)

Memmenhausen ⑫: St. Georg, sonn- und feiertäglicher Festraum   *32 km*
einer ganzen Kirchengemeinde, wo, wie in den anderen Zusamtaler
Dörfern auch, Glockengeläute, Orgelklang, Chorgesang, Weihrauch-
duft, Blumenschmuck und Kerzenlicht zusammen mit dem barocken
Ambiente jeder Meßfeier Glanz und Gloria verleihen. Da ist der
barocke Geist noch höchst lebendig. Auch noch beim anschließen-
den „Anstand" vor der Kirche und dem folgenden Frühschoppen im
Wirtshaus gleich nebenan.

Bei der Kirche rechts ab und bezeichnet auf einem Feldweg
kräftig ansteigend, aber landschaftlich reizvoll Richtung
Bauhofen und **Maria Vesperbild**. – Der bequemere Weg führt
auf der Kreisstraße weiter über **Muttershofen** bis **Ziemetshausen**
und von dort ausgeschildert mit gleicher Streckenlänge nach

Maria Vesperbild und **Schloß Seifriedsberg** ⑬: Die Wallfahrts-   *37 km*
kirche zu Füßen des Schlosses derer von Oettingen und Wallerstein
(privat; attraktiver, öffentlich zugänglicher Schloßgarten) stammt
aus dem Jahr 1756 und glänzt mit feiner, unaufdringlicher (z.T. Neu-)
Rokoko-Ausstattung (u. a. Wallfahrts-Gnadenbild, Fresken von Balthasar Riepp). Besonders an jedem 13. eines Monats („Fatimapilgertag")
und an jedem ersten Sonntag der Monate Mai bis Oktober finden
um 14 Uhr mit der Sakramentsprozession zur Fatimagrotte lebendige,
eindrucksvolle Demonstrationen katholischer Volksfrömmigkeit in
bayerisch-schwäbischer Tradition statt. Fahrzeug-Segnungen gelten
dabei auch für „Drahtesel"! (Informationen: Wallfahrtsdirektion
Maria Vesperbild, 86473 Ziemetshausen, Tel. 0 82 84 / 80 38).

Von Maria Vesperbild auf alleegesäumtem Radweg nach
Ziemetshausen ⑭. Im Ort über die Bahn, rechts ab, aus-   *39 km*
geschildert und markiert auf Wegen und Nebenstraßen über

Uttenhofen ⑮, immer nahe dem Fluß,   *42 km*

Reischenau ⑯ und   *44 km*

Siefenwang ⑰, zuletzt durch eine schmale Bahnunterführung   *47 km*
nach

Dinkelscherben ⑱, den Hauptort der Reischenau, mit Burgberg,   *49 km*
Höhenfreibad, dem Bahnhof (stündlich Regionalzüge von und nach
Augsburg) und dem Anschluß an die Tour 2; Näheres siehe dort.

Variante 2: „Ihr Kinderlein kommet" … nach und von **Ettelried!** *Route:
Ziemetshausen – Uttenhofen – Tyrolerhof – Ettelried – Anried nach Dinkelscherben (10 km, siehe Tour 2, Gesamtstrecke gleich).*

*(Abkürzungs-)Variante 3: von **Dinkelscherben** zurück nach **Neusäß** und Augsburg (25 km, insgesamt 74 km).*

 In Dinkelscherben vom Ortszentrum auf der *Bahnhofstraße* südlich und nach etwa 300 m rechts ab, weiter den Zusam-Radwanderweg, der wie in Tour 2 beschrieben bestens ausgeschildert und markiert weiterleitet über:

52 km   **Fleinhausen ⑲** und

54 km   **Gabelbach ⑳** nach

58 km   **Zusmarshausen ㉑**.

*(Abkürzungs-)Variante 4: von **Zusmarshausen** zurück nach **Neusäß** und Augsburg (22 km, insgesamt 80 km) wie auf der Route der Touren 2 und 3.*

60 km   Von **Wollbach ㉒** aus sind – allerdings in Gegenrichtung – in der Tour 3 Weg und Wichtiges erläutert bis

66 km   **Violau ㉓** und

68 km   **Altenmünster ㉔**.

*Variante 5: Auf Sebastian Kneipps Spuren bis **Dillingen** (24 km).*

Auf dem straßenbegleitenden Radweg von Altenmünster weiter bis

Hennhofen, *dort in die erste Seitenstraße, die* Eichgasse, *links ab (Naturpark-Wegweisung) und auf einem unbefestigten Feld-, später Waldweg durch den ausgedehnten Weisinger Forst nach*

Altenbaindt. *Bei den ersten Häusern des einsam liegenden Ortes rechts ab, nach wenigen Metern am Waldrand wieder rechts (Wegweiser) und auf einem wunderschön aussichtsreichen Feldweg hoch über dem Donautal mit toller Abfahrt (Vorsicht!) nach*

79 km   **Holzheim.** *Bei der Kirche rechts Richtung Wertingen (Wegweiser) und 300 m auf der vielbefahrenen Staatsstraße weiter bis zum Wegweiser „Kläranlage". Hier links ab und auf einem befestigten „Ideal-Radlweg" quer durch das Donauried, vorbei an zahlreichen Bagger- und Badeseen weiter nach **Dillingen** an der Donau.*

*Das **Donauried:** Zwischen 1806 und 1867 entstanden durch „Korrektionsarbeiten" an der Donau kleine idyllische Altwasser und die brettlebene, landwirtschaftlich und durch Kiesabbau intensiv genutzte Landschaft des Donaurieds. Weithin sichtbar sind die Wasserdampfwolken des Kernkraftwerks Gundremmingen, der dank Atomstrom und „Abwärme"-Gemüsebau pro Kopf reichsten Gemeinde Bayerns.*

Dillingen ㉜: *Die 973 urkundlich in idealer geographischer Lage auf*   92 km
dem Hochterrassensporn über dem Donautal errichtete Burg bildet die
Keimzelle einer Siedlung, aus der sich die jesuitisch-barocke Residenz-
und Universitätsstadt der Augsburger Fürstbischöfe entwickelte. Die
vielen Sehenswürdigkeiten in seinem geschlossenen, schön renovierten
Altstadtensemble gaben Dillingen den liebevollen Beinamen „schwä-
bisches Rom". 1771 wurde hier der „Boarische Hiasl" (vgl. Tour 6) hin-
gerichtet.

Wer sich an die Verkehrsachse Kardinal-V.-Waldburg-Straße und König-
straße hält, kann folgendes besuchen: die Studienkirche, als Jesuiten-
kirche 1610/17 vom Graubündner Baumeister Hans Alberthal erbaut,
1750/68 im Rokokostil umgestaltet; den „Goldenen Saal" der Mariani-
schen Kongregation, 1764 im prächtigen Rokoko fertiggestellt (Jesuiten-
kolleg und Universität, heute Akademie für Lehrerfortbildung), Seba-
stian Kneipp hat hier Theologie studiert (Besichtigung: April – Okt.
Sa./So./Feiertag 10 – 16 Uhr); Basilika St. Peter (1619 – 28, Hans Alber-
thal); Klosterkirche der Franziskanerinnen Mariä Himmelfahrt (von
Franz Kleinhans nach einem Entwurf von J. G. Fischer 1740 gestaltet);
Stadt- und Hochstiftsmuseum (Mi. 14 – 17, jeden 1. und 3. Sonntag im
Monat 10 – 13 Uhr).

Das **Sebastian-Kneipp-Denkmal** *steht am nördlichen Donauufer bei*
der Staustufe (Wegweiser vom Georg-Schmid-Ring am Donau-Altwasser
südlich), man kann es schon bei der Einfahrt über die Donau besuchen.
Eine Entdeckung für „Kneipp-Fans" wert: der Gedenkstein in den
Donauauen, wo Kneipp an sich selbst seine erste Wasserkur erfolg-
reich durchführte. Dazu von der Staustufe 500 m westlich auf einem
Waldweg.

Auf der **Zusamtal-Radweg-Originalroute** weiter nach **Donauwörth**:

 Von Altenmünster östlich über die Zusambrücke, links ab von
der Straße und am östlichen Talrand leicht hügelig weiter
nach

Zusamzell ㉕, stets auf der bezeichneten Route über   71 km
Hegnenbach ㉖,   73 km
Rischgau ㉗ (– Zusamaltheim – Roggden) nach   74 km

Wertingen ㉘: Sehenswert sind das „Neue Schloß" von 1654   82 km
(heute Rathaus und Heimatmuseum, geöffnet während der Dienst-
stunden der Verwaltung, Tel. 0 82 72 / 84 35, Fax 84 27) und die
barockisierte Stadtpfarrkirche St. Martin, die einzige zinnengekrönte
Doppelturmkirche in Deutschland.

Auf einem neuen Radweg vom Zentrum aus (Wegweiser) westlich der Zusam nach

87 km **Unterthürheim** ㉙ – im Nachbarort Buttenwiesen: Judenfriedhof und ehemalige Synagoge als Denkmale an die ehemalige jüdische Bevölkerung des Ortes.

89 km In **Pfaffenhofen** ㉚ in der wunderschönen Barockkirche von Joseph Schmuzer (1724) wird die einzige „Sauwallfahrt" der Christenheit zu Neujahr abgehalten.

 Auf ebenen Feldwegen über verschiedene „Schwaigen" (= im 19. Jh. neu angelegte Bauern-Einödhöfe) und **Zusum** durch das Donauried bis

104 km **Donauwörth** ㉛: Was es zu sehen und erleben gibt, siehe Tour 4; und zurück nach Augsburg über die Route der Tour 4 (siehe dort) oder die der „Romantischen Straße" für Radler oder mit dem Zug.

Sommer, Sonne, Süden: von Augsburg zum Ammersee

Diese Bilderbuch-Tour führt uns – die Alpen fast ständig vor Augen – ins Voralpenland zum Ammersee. Dort sind wir dann mitten drin in einer kurzweiligen, jungen Landschaft mit eiszeitlichen Moränenhügeln und reichlich Wasser. Wer will, bekommt dank der sommerlich-heiteren-hellen Strandatmosphäre in den Ammerseeorten schon die richtige Urlaubsstimmung, auch wenn es sich „nur" um eine Tagestour handelt. Unterwegs sorgt die Vielzahl großartiger barocker Zeugnisse, wie Prittriching, Geltendorf oder Eresing, stets dafür, daß man nie vergißt, wo man sich gerade bewegt: in Bayern.

Start:	*Augsburg-Hochablaß*
Ziele:	*Utting am Ammersee oder Dießen (oder per Schiff Herrsching).*
Streckenlänge:	*46 km bis Utting (und per Schiff bis Herrsching), 56 km bis Dießen.*
Charakter:	*Familientour ohne ausgeprägte Steigungen auf weitgehend verkehrsarmen Nebenstraßen und Feldwegen.*
Wegweisung:	*Durchwegs ausgeschildert und markiert.*
Varianten:	*Mehrere möglich.*
Verkehrsverbindungen:	*Augsburg – Geltendorf – Weilheim, Ammersee-Bahn, Regionalzüge der Deutschen Bahn (i. d. R. stündlich, Sa./So. etwas seltener, Kursbuch 985), Halt in: Augsburg-Hochzoll, Kissing, Mering und mehreren Orten bis Schondorf und den anderen Ammerseeorten.*
Radservice:	*In Augsburg, Kissing, Mering und den Ammerseeorten.*
Einkehrmöglichkeiten:	*In nahezu allen Orten.*

Die Tour auf einen Blick

Nr.	km	Beschreibung
1	0	**Augsburg-Hochablaß;** Informationen zur Anfangsetappe siehe Touren 6 u. 7, zuerst am Lech-Ostufer über
2	0,5	**Kuhsee,**
3	3	**Auensee,**
4	5	**Weitmannsee** zur
5	8	**Lech-Staustufe 23,** den Lech überqueren und am Lochbach entlang zum
6	12	**Lochbachanstich,** erneut über den Lech, nach 50 m rechts ab auf den markierten, befestigten Feldweg genau nach Süden zum Sportplatz von
7	16	**Prittriching.** Hier links ab, in den Ort und südlich weiter. Vor dem letzten Haus des Ortes links eine Seitenstraße kurz hinauf und an der Kirche St. Peter und Paul vorbei, beim letzten Bauernhof rechts ab, auf einem befestigten Feldweg geradeaus nach Süden (markierter Radwanderweg R 2) bis nach
8	21	**Pestenacker.** Vor dem Ortsschild links ab nach
9	24	**Walleshausen,** dort rechts und auf der Straße nach
10	26,5	**Schloß Kaltenberg** mit der Brauereigaststätte und dem Ritterturnier im Juli. Nun ausgeschildert und markiert (R 3) über Hausen weiter (vgl. ADFC-Regionalkarte Touren Nr. 17, 18, 19), erst nach
11	30	**Geltendorf** mit seinem schönen Ortsbild, weiter zum
12	32	**Bahnhof Geltendorf** (Rückfahrt nach Augsburg möglich). Vom Bahnhof aus östlich, bei der ersten Unterführung die Bahnstrecke südlich unterquerend nach
13	33,5	**St. Ottilien,** dem Benediktinerkloster. Auf dem markierten und beschilderten Radwanderweg R 9 weiter nach
14	37	**Painhofen,**
15	40	**Eching am Ammersee,**
16	43	**Schondorf,**
17	46	**Utting,** von dort Weiterfahrt über den See nach Herrsching – Andechs oder am Ammersee weiter südlich als Varianten möglich.

Start in **Augsburg-Hochablaß** ❶ am Lech und wie in den Touren 6 und 7 beschrieben, erst am Lech-Ostufer über

Kuhsee ❷,

Auensee ❸,   *3 km*

Weitmannsee ❹ zur   *5 km*

Lech-Staustufe 23 ❺. Dort den Lech überqueren und am Lochbach entlang weiter zum   *8 km*

Lochbachanstich ❻. Bei der Staustufe erneut über den Lech, nach 50 m rechts und auf dem bezeichneten Radwanderweg ("Romantische Straße"), einem befestigten Feldweg, genau nach Süden zum Sportplatz von   *12 km*

Prittriching ❼. Hier links ab und in den Ort. Am südlichen Ortsende links, östlich, eine Seitenstraße kurz hinauf und zur   *16 km*

spätgotischen **Kirche St. Peter und Paul:** Sie wurde im Auftrag des Dießener Propstes im Stil des Rokoko prächtig herausgeputzt. Besonders sehenswert sind die Altäre von J. G. Bergmüller und der Stuck von F. X. Feichtmayer, Werke von Künstlern, denen wir auf unserer weiteren Tour noch öfter begegnen werden.

Beim letzten Bauernhof rechts ab, auf einem befestigten Feldweg geradeaus nach Süden (markierter Radwanderweg R 2) mit herrlichem Alpenpanorama bei klarem Wetter.

Am Rand von **Pestenacker** ❽ gleich wieder links, in östlicher Richtung.   *21 km*

Südlich vom Ort wurde 1997 eine neolithische "Feuchtbodensiedlung" des "Altheimer"-Stils aus der Zeit um 3577 v. Chr. (!) am Loosbach ausgegraben. Ein örtliches, prähistorisches Museum ist in Planung.

In **Walleshausen** ❾ rechts auf die Straße, die nach   *24 km*

Kaltenberg ❿ führt, zu dem beliebten Radlerziel (Schloß der Wittelsbacher, Brauerei, Gaststätte mit großem Platzangebot). Das Kaltenberger Ritterturnier im Juli ist die weltweit größte Veranstaltung mittelalterlicher Ritterspiele der Neuzeit in einer eigens erbauten Arena, begleitend dazu Markt, Mummenschanz, Handwerkskunst und viele "zünftige" Leut' (Information Tel. 0 81 93 / 93 31 00 oder 93 32 00, Fax 93 31 50).   *26 km*

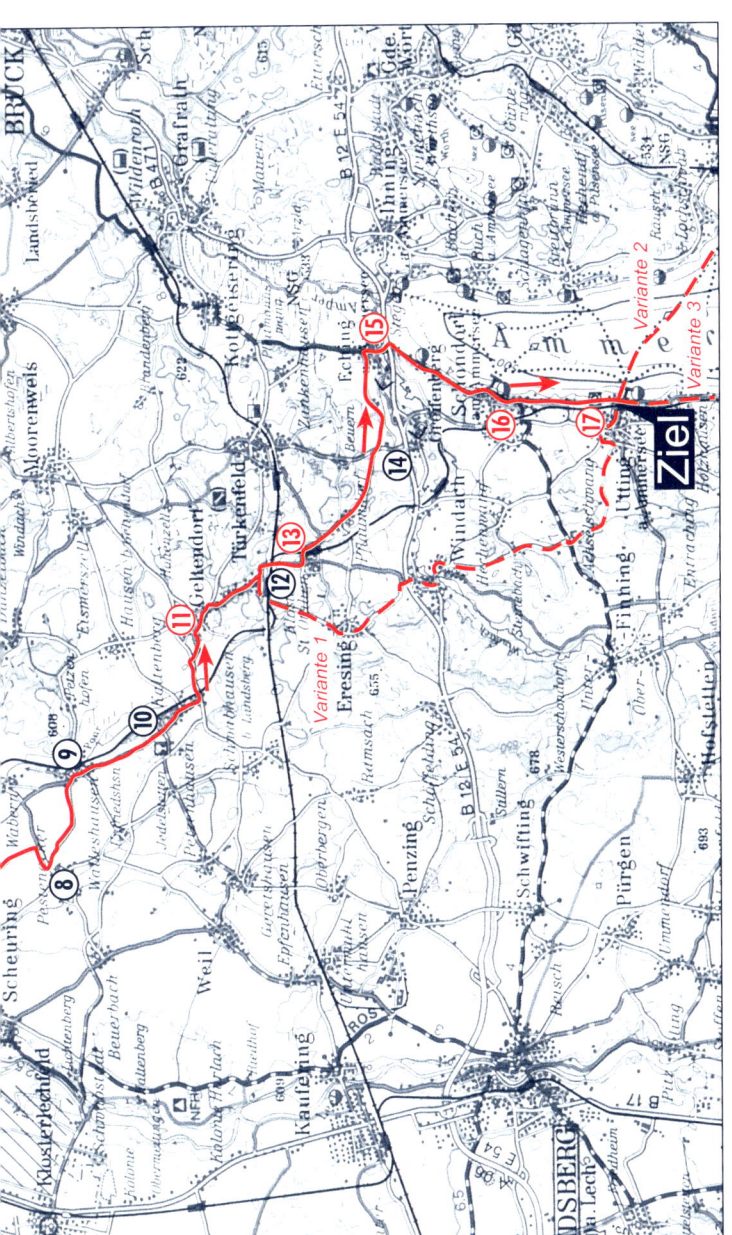

Vom Ort Kaltenberg aus, ausgeschildert und markiert (R 3, vgl. auch ADFC-Regionalkarte Touren Nr. 17, 18, 19) weiter nach

30 km **Geltendorf ⑪**. Teil des wunderschön hergerichteten Dorfensembles ist die Rokoko-Kirche St. Stephanus mit großartigem Wessobrunner Stuck (Schmuzer oder Feichtmayer?), Fresken von Matthäus Günther (Chor) und J. G. Dieffenbrunner (Langhaus) und einem sehenswerten Hochaltar von Lorenz Luidl.

32 km Am **Bahnhof Geltendorf ⑫** (Züge zurück nach Augsburg) 300 m östlich, dann rechts ab und durch zwei Eisenbahntunnels südlich auf einer wunderschönen Allee nach

33 km **St. Ottilien ⑬**: Ora et labora – urbayerisch und exotisch zugleich. Im 1887 gegründeten Benediktinerkloster mit seiner neugotischen Abteikirche leben rund 120 Mönche und arbeiten in zahlreichen Handwerksbetrieben, der Landwirtschaft und einem Verlag. Weitere 130 Mönche missionieren arbeitend und betend, getreu der Ordensregel, in fast allen Erdteilen. Ihr Wirken dokumentiert das vielbesuchte Missionsmuseum mit einer umfangreichen Sammlung exotischer Exponate. Einkaufsmöglichkeiten für Bodenständiges gibt es auf dem Geflügelhof (Tel. 0 81 93 / 7 12 80) und Gemüsehof (Tel. 12 78) des Klosters; Einkehr ist möglich, Tel. Klosterpforte 0 81 93 / 7 10, Missionsmuseum 7 12 31.

Variante 1: Zum Ulrichsbrünnlein in **Eresing** *(14 km bis Utting); Strecke: Bahnhof Geltendorf – Eresing – Windach – Achselschwang – Utting. Die Pfarrkirche St. Ulrich in* **Eresing,** *einem der schönsten Dörfer Bayerns, ist ein Rokoko-Juwel: in der Gestaltung (Dominikus Zimmermann), vom Stuck her, den Fresken (F. M. Kuen), den Figuren (Lorenz Luidl). Bauernmarkt ist im Ort jeden 1. und 3. Freitag im Monat. Gleich südlich von Eresing liegt das „*Ulrichsbrünnlein*", lokales Wallfahrtsziel, an der alten Römerstraße Augsburg – Weilheim – Innsbruck – Brenner – Trient – Altino/Venedig. Bischof Ulrich von Augsburg soll sich auf seinem Weg nach Rom an ihm gestärkt haben. Ein Labsal ist das frische Quellwasser immer noch, wie zu Ulrichs Zeiten im 10. Jahrhundert, und dazu dieses Landschaftsbild!*

Ein kurzer, kräftiger Anstieg auf die innerste Stirnmoräne des ehemaligen Ammerseegletschers auf genau 600 m NN öffnet den Blick: auf Kloster Andechs hoch über dem jenseitigen Ammerseeufer, vielleicht auch auf die Alpen! Nun läuft das Radl gut, denn der Ammersee liegt rund 70 Höhenmeter tiefer. Am (fast) mühelosen Weg dorthin liegt:

Windach, wo das ehemalige Schloß von 1568 heute als Rathaus dient und die von denselben Künstlern wie in Geltendorf gestaltete Rokoko-kirche St. Petrus und Paulus interessante Vergleiche eröffnet. Als nächstes an der Route Nr. 18 der ADFC-Regionalkarte folgt das **Staatsgut Achsel-schwang**, Zentrum der Military-Springreiter (Führungen für Gruppen möglich, Anmeldung Tel. 0 88 06 / 9 20 30), schließlich kommen wir in **Utting** am Ammersee heraus.

Auf der Hauptroute von St. Ottilien über **Eching–Schon-dorf–Utting** und weiter bis **Dießen** auf dem bezeichneten Radwanderweg R 9.

In **Painhofen** ⑭ besteht Einkehr- bei und Einkaufsmöglichkeit von Damwildspezialitäten.   *37 km*

Von **Eching am Ammersee** ⑮ aus lassen sich mit einem kleinen   *40 km*
Abstecher nach Norden am Rand des NSG „Ampermoos" mit dem Fernglas Vögel beobachten. Im Ort selbst laden die Pfarrkirche St. Peter und Paul (Rokoko-Hochaltar, Fresken von Hofmaler Luidl), die Sebastianskapelle zur Erinnerung an die Pest (1650) und ein Stück weiter südlich das Strandbad des Erholungsgebietevereins „EVA" (vgl. Touren 6 und 7) zu einem Besuch ein.

Auf der *Painhofener Straße* ins Zentrum von Eching und exakt südlich über den Kreisverkehr auf den Ammersee-Uferweg. Unter großer Rücksicht auf die Fußgänger nun stets am Seeufer weiter.

Der **Ammersee** ist der drittgrößte bayerische See mit 47 qkm Fläche, 16 km Länge, 42 km Uferlänge, 5 km größter Breite und 81 m Tiefe. Hinein fließt die Ammer, hinaus die Amper – soweit die Fakten. In seinem Image reichte der See nie an das des Starnberger Sees heran. Dort „Bussi-Bussi"-Flair; hier „Grüß-Gott-Leut". „Bauern-see" hat man ihn auch genannt, weil der königlich bayerische Hof und die „Höflinge" nur selten hier auftauchten. Damals schon – und heute. Man ist bodenständiger, wohl „schwäbischer", besonders am Westufer, dem „Augschburger" Ufer.

Der Ammersee entstand nach dem Abschmelzen des Loisach-gletschers vor rund 10.000 Jahren, von würmeiszeitlichen End-moränenwällen wie durch eine natürliche Staumauer gestaut. Ur-sprünglich war der Seespiegel etwa 10 m höher. Der See füllte das gesamte (Gletscher-)Zungenbecken. Erst als sich die Amper bei Grafrath einschnitt, sank auch der Seespiegel ab, der gesamte nörd-liche und südliche Seebereich verlandete und bildet heute aus-gedehnte Naturschutzgebiete (s. o., Ampermoos).

Zum Ammersee gehört eine Ammersee-Schifffahrt (ja richtig: drei-
mal f!), am besten mit dem 1908 gebauten Schaufelraddampfer
„Dießen". Auch wenn der Antrieb 1975 vom ursprünglichen Dampf-
kessel auf zwei Dieselmotoren umgestellt wurde, bleibt ein Hauch
von Ammersee-Romantik wie zu Großelterns Zeiten, die hier ihre
erste Sommerliebe auslebten. Informationen zu Linien- und Rund-
fahrten liefert die „Staatliche Schifffahrt Ammersee" in der Schiff-
station Stegen, Tel. 0 81 43 / 9 40 21, Fax 9 40 23.

Wer noch nostalgischer auf elegante Art Wasser, Wetter, Wind des
Ammersees erspüren will, dem sei ein Chartertörn mit der rund
100 Jahre „jungen", ehemals königlich preußischen Segeljacht
„Albatros", dem Flaggschiff des Ammersees empfohlen (Ammersee-
Segelschule Dießen, Tel. 0 88 07 / 84 15, Fax 67 82). – Und selbst-
verständlich stehen in allen Ammerseeorten touristische Einrichtun-
gen in großer Zahl zur Verfügung, die von Tages- und Feriengästen
genutzt werden können.

Um einen natürlichen Bewohner des Sees muß man sich aber zur
Zeit Sorgen machen: um die **Renke.** Wer oder was ihren seit 1991
festgestellten Zwergenwuchs verursacht, wird noch wissenschaftlich
untersucht: zu viele Segler, Badegäste, Kormorane, Sauerstoffnot
tiefer im See, zu wenig Licht weiter oben?

43 km Vom Dampfersteg in **Schondorf** **16** aus haben wir den Blick auf
ein Ammersee-Ensemble wie im Bilderbuch: Die wettergegerbten
hölzernen Fischer- und Bootshütten entlang der romantischen Ufer-
promenade, das romanische Jakobskirchlein mit seinen Tuffquadern
von 1150 und daneben der „Bräu" mit seinen Kastanien im Biergarten und ein paar bodenständige Wohnhäuser, deren Fassaden
eine ungeheure Ruhe und Gemütlichkeit ausstrahlen, darunter das
Wohnhaus des Malers Wilhelm Leibl von 1875 bis 1877 – so mögen
es die Leute aus Augsburg und finden sie es an „ihrem" Ufer leichter
als drüben am eher lauten „Münchner" Ostufer.

*Variante 2: nach **Andechs** – zum „Heiligen Berg Bayerns" (von
Herrsching hin und zurück 12 km). Mit dem Ammersee-Dampfer nach
Herrsching und kräftig bergauf zum berühmtesten Wallfahrtsziel
Bayerns. Zur Sühne für den gewaltsamen Tod der schönen Augsburger
Baderstochter Agnes Bernauer durch Herzog Albrecht III. 1455 gestiftet
und in der „Heiligen Kapelle" mit kostbaren Reliquien wie dem Sieges-
kreuz Karls des Großen ausgestattet, zieht Andechs alljährlich bis zu
250.000 Wallfahrer an, denen dieser Glaubensakt wichtiger ist als der
dunkle Doppelbock der Klosterbrauerei (Vorsicht, ein wirklich starkes
Bier!). Wichtiger zumindest bis zum Gottesdienst in der barocken Wall-*

Königlich-bayerische Gastlichkeit: Im Biergarten von Kaltenberg (Tour 11)

Auf dem Weg zum Ammersee: Erzabtei St. Ottilien (Tour 11)

Radlerziel: Utting am Ammersee (Tour 11)

fahrtskirche, denn hier haben der universale Baukünstler Johann Baptist Zimmermann und andere großartige Künstler alle Voraussetzungen für einen wahren Sinnenrausch geschaffen. Über Kulturveranstaltungen in Andechs informiert das Kloster-Tel. 0 81 52 / 37 60.

Utting ⑰ ist das „Segler-Mekka" am See mit einem der schönsten *46 km* Biergärten Bayerns (z. T. sonntags mit Musik). Die Wallfahrtskirche St. Leonhard aus dem Jahr 1712 besticht mit ihrer reichen Wessobrunner Stukkatur. Utting ist überhaupt ein Platz für gute Einfälle. Das schätzte auch schon Bert Brecht in seiner heute noch existierenden Ferienvilla. Und samstags ist Bauernmarkt.

Variante 3, weiter auf dem **Ammerseeradweg** *R 9 über Holzhausen (2 km), Riederau (5 km), St. Alban (8 km) bis* **Dießen** *(einfach 10 km, insgesamt 56 km ab Augsburg):* **Holzhausen** *ist ein uralter Ort, ein paar neue Häuser, ganz neu das alte „Künstlerhaus". Die Dorfkirche St. Ulrich besitzt noch einen romanischen Langhauskern.*

Nun durch das NSG „Seeholz" entlang der Bahnstrecke weiter nach **Riederau,** *wo Manfred Curry (1899–1953) zu Hause war, exzellenter Regattasegler und genialer Tüftler der Segeltechnik. Es gibt die Kreisheimatstube (Neuwiese 2, März–Okt. Di.–Fr. 14–18 Uhr, Tel. 0 88 07 / 15 01) und das sehr schöne, neue Gemeindefreibad.*

Weiter stets zwischen See und Bahn nach **St. Alban,** *ein hübsches, stilles Fischer-Ensemble um die kleine Kirche – wo sich der Autor dieses Buches gerne entspannt. Tagtäglich gehen hier uniformiert, getreu der Dienstvorschrift, von Punkt 14 bis 17 Uhr zwei bayerische Polizisten auf ihrem weiß-blauen „Patrouillenboot" mit bierernster Miene auf ihren Törn für Recht, Zucht und Ordnung auf den See. Mit Wirkung! Denn hier am Ammersee, „wo das Bier noch dunkel und die Madel noch sittsam sind", scheint die Welt durchaus noch in Ordnung zu sein.*

Ziel dieser Tour ist **Dießen,** *der kulturell seit knapp 1.200 Jahren bedeutende Ort am Südwest-„Eck" des Ammersees. Einmal chronologisch: 816 wurde die Pfarrkirche von* **St. Georgen** *gegründet, zusammen mit dem Höhenfriedhof eine der ältesten christlichen Stätten Bayerns, in der Gotik umgebaut, im Rokoko durch berühmte Künstler wie den Gebrüdern Feichtmayer oder Matthäus Günther ausgestaltet. Die Grafen von „Diezzan" wurden 1039 erstmals urkundlich erwähnt. Und das Augustiner-Chorherrenstift (1132–1803) ließ 1739 das* **Marienmünster** *durch allererste Barockkünstler bauen (J. M. Fischer), ausstatten und ausgestalten (F. Cuvilliés, Tiepolo und Pittoni, Feichtmayer, J. B. Straub), auch mit dem berühmten „Dießener Himmel" von Johann Georg Bergmüller (Führungen n. Voranm. Tel. 0 88 07 / 3 15; Kirchenkonzerte).*

Dießen war danach für Künstler stets anziehend: für **Maler** wie Carl Spitzweg, Wilhelm Leibl, Alexander Koester, Fritz Winter (sehenswert: Fritz-Winter-Atelier, Forstanger 15 a, Tel. u. Fax 0 88 07 / 45 59 und im „Pavillon am See" Ausstellung des Arbeitskreises Dießener Kunst, Tel. 0 88 07 / 10 20). Leben und Werk des Komponisten **Carl Orff** dokumentiert „Kunst im Rinkhof" (Hofmark 3, Sa./So. 14–17 Uhr o. n. Vereinb., Tel. 0 88 07 / 15 83).

Bekannt ist die **Töpferkunst** im „Dießener Stil". Ehemals waren es 20 Betriebe, darunter Familie Loesche (Am Kirchsteig 19, Voranm. Tel. 0 88 07 / 18 77). Zum Thema paßt der süddeutsche Töpfermarkt an Christi Himmelfahrt. Traditionsreiche **Zinngießereien** sind (Bes. nur n. Voranm.): Babette Schweizer (Herrenstraße 17, Tel. 0 88 07 / 3 50) und Wilhelm Schweizer (Herrenstraße 7 b, Tel. 0 88 07 / 50 72).

Und der Brauchtumshöhepunkt ist das **„Dießener Seefest"** mit Fischerstechen und Fischermartlmarkt Ende Juli/Anfang August.